A Cena em Sombras

leda maria martins

A CENA EM SOMBRAS

EDIÇÃO REVISTA

PERSPECTIVA

Coleção Debates
Dirigida por J. Guinsburg
(*in memoriam*)

Equipe de Realização
Coordenação textual: Luiz Henrique Soares e Elen Durando
Revisão (*edição original*): Vera Lúcia Belluzzo Bolognani
e Valéria Cristina Martins
Produção: Ricardo W. Neves e Sergio Kon

CIP-Brasil. Catalogação na Publicação
Sindicato Nacional dos Editores de Livros, RJ

M344c
Martins, Leda Maria
A cena em sombras / Leda Maria Martins ; prefácio Laura Cavalcante Padilha. – [2. ed., rev.]. – São Paulo : Perspectiva, 2023.
232 p. ; 21 cm.

Inclui bibliografia
ISBN 978-65-5505-159-9

1. Teatro brasileiro - História e crítica. 2. Teatro americano - História e crítica. 3. Literatura comparada. 4. Negros na literatura. I. Padilha, Laura Cavalcante. II. Título.

23-85167 CDD: 809.2
CDU: 82-2(73+81).09

Meri Gleice Rodrigues de Souza - Bibliotecária - CRB-7/6439
17/07/2023 20/07/2023

2ª edição revista

EDITORA PERSPECTIVA LTDA.

Alameda Santos, 1909, CJ. 22
01419-100 São Paulo SP Brasil
Tel.: (11) 3885-8388
www.editoraperspectiva.com.br

2023

Aos nossos ancestrais.

À mamãe, Alzirinha,
meu primeiro alumbramento.

Ao Rodrigo, meu filho e movimento.

In memoriam.

A
Abdias Nascimento,
Ruth de Souza,
Léa Garcia e
Amiri Baraka.

In memoriam

Èsù (Exu), não me alienes,
não alteres as palavras da minha fala,
não desorientes o movimento
dos meus pés.
Tu, que traduzes as palavras d'antanho,
em novas expressões,
não me alienes.
Eu te canto homenagem

Oriqui africano a Èsù Elegbara

SUMÁRIO

Parte II
UMA COREOGRAFIA DA DIFERENÇA

UMA VEZ, UM LIVRO

Fiquei muito feliz com a notícia de que *A Cena em Sombras* seria reeditado.

Meus agradecimentos à querida Gita Guinsburg e ao gentil Sergio Kon. Ouso pensar que o amado Jacó Guinsburg também ficaria feliz. Assim como o saudoso amigo, Haroldo de Campos. Quando, há mais de trinta anos, não se publicava "coisas de preto" e quase nada havia sido editado sobre teatro negro, o Jacó acreditou e ousou. E promoveu este livrinho. Por onde andava, no Brasil e no exterior, levava *A Cena em Sombras* na maleta. E me recebia sempre com muito carinho e atenção.

Saudades imensas desse admirável mestre.

Optamos por manter intacto o texto da primeira edição, de 1995, apenas atualizando as normas da língua portuguesa.

O texto deste livro é a tese de doutorado que defendi em 1991, na Universidade Federal de Minas Gerais, sob a orientação da querida Ana Lúcia Gazolla. Ali comparo o teatro negro no Brasil e nos Estados Unidos, tomando como referência, no Brasil, o Teatro Experimental do Negro, idealizado e criado por Abdias Nascimento, d. Maria Nascimento e uma plêiade de mentores e colaboradores em 1944; e nos Estados Unidos, o teatro negro dos anos 1960.

Aqui, ofereci, pela primeira vez, a encruzilhada como operador teórico-metodológico, noção essa embasada nas epistemologias e saberes africanos e afro-brasileiros e no grande princípio de cognição advindo desses saberes, o princípio do movimento que se espalha pela África Negra, sendo entre os povos iorubá representado por Èsù, e entre os povos banto pelos cosmogramas, outros inquices e riscados. Eu buscava então pensar o teatro negro sob outros prismas teóricos, performáticos e de cosmo-percepção, na medida em que a África também nos legou pensamentos muito fecundos sobre teatro e práticas performáticas advindas de um amplo e pujante repertório oral que, mais adiante, eu matizaria como oralitura[1].

O cenário teatral dos anos 1990 até a atualidade em muito se modificou. Nesse período, muitos grupos, coletivos e artistas negros e negras, quer em grupo, quer individualmente, se multiplicaram, trazendo à cena brasileira diversas e plurais perspectivas cênicas, dramatúrgicas, teóricas e críticas, resultado de densa pesquisa, utilizando, muitas vezes, os pressupostos criativos de matrizes performáticas negras e da própria história do teatro negro no Brasil. Esses grupos criaram redes de pertencimento, enfrentam os debates, se fortalecem com ânimo e resiliência.

O teatro brasileiro, com brilho, enegreceu.

Como acentuei no livro *Performances do Tempo Espiralar: Poéticas do Corpo-Tela*[2], a cena negra, ou a cena preta, apesar de todos os obstáculos advindos de uma

1 Em *Afrografias da Memória: O Reinado do Rosário no Jatobá*, São Paulo: Perspectiva, 1997, com 2ª edição, revista e atualizada em 2021.

2 Rio de Janeiro: Cobogó, 2021.

sociedade impregnada pelo racismo, que exclui, discrimina e extermina, tem vigorosamente aberto inúmeros caminhos e processos com talento ímpar, qualidade e competência artísticas. E, por seu mérito e empenho, também tem criado uma plateia de pretos e pretas, um público negro que vai ao teatro e vibra com suas realizações. Aqui peço licença para lembrar algumas dessas asserções.

O teatro brasileiro, na atualidade, é matizado por uma série de inestimáveis proposições e postulações advindas dos inúmeros coletivos teatrais negros, assim como de dramaturgo(a)s, atores, atrizes, *performers*, e de perspectivas critico-teóricas que têm a negrura como sua ênfase mais expressiva. Em sua diversidade e por diferentes meios de expressão e de linguagens, é comum a esses artistas e grupos o realce dos mais diversos aspectos da experiência histórica e da memória do negro no Brasil, como tema de elaboração, assim como a proposição de criações dramatúrgicas e cênicas que evidenciam a busca estilística por distintas formas, processos e procedimentos, arranjados em escrituras cênicas potentes e instigantes que desafiam os *modi operandi* hegemônicos, excludentes e estereotípicos do teatro brasileiro, principalmente nos modos e estruturas de figuração do negro e da negrura.

Aqui se instala o contínuo exercício de uma memória cultural dialógica negra, transcriada como um significante recorrente e pelo qual se reatualizam, em cena, os modos de percepção e fabulação de várias matrizes cognitivas e performáticas afrobrasileiras, sejam elas as advindas dos acervos das mais clássicas performances rituais, sejam as das periferias urbanas, como a estética hip-hop e os *slams*, em toda as suas complexas e variadas perspectivas, e na própria interseção das mesmas com outras poéticas da cena; a composição alternativa de perfis da figura negra, cineticamente inquirindo e desconstruindo os paradigmas estereotípicos que ainda prevalecem no imaginário teatral e social; a perquirição sistemática e crítica de linguagens e gramáticas cênicas que englobem o espectador na fruição e na reflexão dos variados temas postulados, em particular dos que abordam as questões raciais, propondo interlocuções que afetem e problematizem a própria perspectiva e percepção do espectador, estimulando reações que dialoguem com as aporias encenadas e com os desafios apresentados.

Os mais diversos conteúdos habitam essas práticas, desde a denúncia dos inúmeros modos e meios de disseminação do racismo, tais como a violência policial, os assassinatos, as exclusões e interdições recorrentes, sejam de gênero, classe, sexualidade, religiosidade, mas também o alçamento das muitas realizações da população negra como elemento constitutivo fundamental da cultura e da sociedade brasileiras, em um processo de desvelamento e de revelação que reafirmam sua relevância na história brasileira, em vários âmbitos, áreas e contextos quase sempre adversos. São narrativas de vários perfis que exploram a negrura como moto-contínuo de inserção diferenciada e permanente.

Essa gesta é elaborada por poéticas cênicas inspiradas nas dramaturgias das visualidades, das espacialidades, das luminosidades, das sonoridades, nas dramaturgias que experimentam com as tecnologias, nas dramaturgias rituais, nas dramaturgias das subjetividades. A experimentação com linguagens transdisciplinares e transversais concentra-se, muitas vezes, na exploração, como episteme, da corporeidade, que fecunda a cena, expandindo os escopos do corpo como lugar e ambiente de produção e inscrição de conhecimento, de memória, de afetos e de ações. O corpo, assim, instituído e constituído pela performance, é acervo de um complexo de alusões e um repertório de estímulos e de argumentos e traduziria certa geopolítica do corpo: o corpo das temporalidades, o corpo pólis, o corpo gentrificado, o corpo trans, o corpo testemunha e repertório, historicamente conotado por meio de uma linguagem pulsante que inscreve o sujeito enunciador-emissário, seus arredores e ambiências, em um determinado circuito de expressão, potência e poder, personalizando as vozes que denunciam e nomeiam os muitos buraquinhos do itinerário de violências de nossa rotina cotidiana, mas que, sem tréguas, escavam vias alternas para uma outra existência, mais plena e cidadã. Um corpo-voz inventário que limpa, restabelece, restitui, reivindica, respira e inspira, em perene processo de cura, escavando vias alternas de outros devires possíveis, sempre desejoso de transformações do *corpus* social.

Essa corporeidade de *inputs* e *outputs* se reveste como um corpo tela, complexo, poroso, recheado de múltiplos sentidos e disposições, do que deriva o corpo imagem, uma condensação significante, instrumento performático por excelência, em toda a gama extensiva de sua natureza, como hábito, conduta, léxico, ideograma e hieróglifo, película, grafites e grafismos. Um corpo, síntese poética do movimento. Enfim toda uma concepção e exploração cinética do corpo, física, expressiva e perceptiva como lugar e ambiente de inscrição de memória e de grafias do conhecimento, dispositivo e condutor, portal e tela de grafias, de uma instigante gramática cênica e de uma engenhosa sintaxe de adereços.

Um corpo político, autofalante, arauto do ainda não dito ou repetido, porque antes interditado, censurado, excluído; arauto do que não se explicitava de modo pleno, do que se mantinha dissimulado, do que não se mencionava, do que não se declarava, do que se evitava; arauto daquilo que não se enunciava, que não se pronunciava, que não se proferia, e que se impusera como o silêncio que apavora. Observa-se nessas proposições, como no teatro em geral, um recuo ou recusa da tradicional noção mimética de representação, em particular das representações fixas, estáveis e emolduradas, em favor dos apelos performáticos, mais abertos à movência das identidades cada vez mais fluidas e relacionais, costuradas por biografemas e autoficções. Às interdições e aos sistemas e estruturas de exclusão, de invisibilidade e de indizibilidade, se interpõe uma outra corporeidade que argui, postula, propõe, expressa, combate, manifesta o seu pesar, mas também seu júbilo, e demanda o direito de livremente criar e existir. Um corpo que não recusa ser um compósito de afetos, ações, reflexões, migrações, risos, um corpo que se quer íntegro, investindo nos cuidados com o outro[3].

As dramaturgias e cenas negras iluminam o palco brasileiro.

Os caminhos são árduos, exigem resiliência e incidência no teatro, de modo a transformá-lo e transtorná-lo.

Agradeço imensamente aos que me emprestaram sua escuta e sua leitura ao longo dessas décadas e desejo que este pequeno livro, pelo qual tenho muito afeto, ainda possa oferecer alguma coisa para as aporias contemporâneas que nos inquietam, sensibilizam, desafiam, movem. E comovem.

Leda Maria Martins
Julho de 2023.

3 Ver o capítulo "Um Corpo-Tela, uma Poética Vagalume", em *Poética do Corpo Espiralar*, p. 152-188.

PREFÁCIO

Pensar a questão do negro implica mudança de direção do olhar. Mira-se, então, a margem e as sombras que a habita(ra)m. É preciso ficar-se atento, ouvido apurado, capaz de captar ou os ecos de gritos que povoaram os dolorosos porões das galeras, ou o estalar do chicote, fina cobra, a cobrar o silenciamento e a não revolta, ou os cantos entoados nas roças de café, açúcar ou algodão nas Américas. Espraiam-se, no lago da memória, as águas separadoras dos mundos habitados por escravos e senhores. Surge nítida a face do despaisamento de um povo para sempre despossuído e marcado pelo ferrete da dominação.

Submetido secularmente a um processo de reificação, ao negro só foi possível esconder-se sob máscaras brancas – e Fanon se faz aqui referência obrigatória –, escamoteando seus símbolos e crenças sob o tecido cultural a ele imposto pelo outro. Sufocada, a voz de sua própria identidade não se cala e, no Brasil, a metáfora dessa resistência se pode encontrar nos contrafortes dos Palmares, construídos pelo sonho de Zumbi. Com seus filhos espalhados pelos quatro cantos do mundo, a África deixa de ser apenas um continente geográfico para se metamorfosear em continente simbólico – estrela multiplicada.

E é a busca dessa estrela multiplicada que nos revela o instigante livro de Leda Maria Martins, na origem sua tese de doutoramento, não por acaso nomeada *A Cena em Sombras: Expressões do Teatro Negro no Brasil e nos Estados Unidos*. A postura por ela adotada no trato da questão e o vigor de sua escrita nos remetem a outras falas que, desde o século XX, na África, nas Américas e na própria Europa, procuraram costurar as dobras do planejamento da alteridade negra. Seu texto crítico nos faz lembrar, em muitos pontos, as vozes poéticas de Césaire, Damas, Senghor, Diop e, na diáspora de língua portuguesa, a de Francisco José Tenreiro. Todos de "coração em África" ou, como diria o são-tomense:

> De coração em África na mão deste Negro enrodilhado e sujo
> de beira-cais
> vendendo cautelas com a incisão do caminho da cubata perdida
> na carapinha alvinitente
> de coração em África com as mãos e os pés trambolhos disformes
> e deformados como os quadros de Portinari dos estivadores
> do mar
> [...]
> vou cogitando na pretidão do mundo que ultrapassa a pró-
> pria cor da pele[1]

A Cena em Sombras fala dessa ultrapassagem do conceito de negrura que não se limita à "própria cor da pele". Duas questões levantadas pelo texto se fazem pontos basilares de um processo mais amplo de repensar – e a proposta é da pesquisadora – semioticamente o conceito. A primeira delas é deste modo posta: "Do que se fala quando

1. F.J. Tenreiro, *Coração em África*, p. 127.

se fala do negro?" A segunda, ainda mais nodal, assim se enuncia: "Que torna o negro negro?" Para respondê-las, o ensaio trabalha as imagens dramáticas constituídas no espaço cênico brasileiro e estadunidense do século XX, sem se descurar de um breve recorte histórico sobre o XIX no Brasil e o XVIII nos Estados Unidos. Imbuída de constância apaixonada e rigor crítico, a autora rejeita *a priori* qualquer postulação dogmática e/ou autoritária, declarando explicitamente: "Este texto, portanto, não se quer monolítico e triunfante, porque se sabe fragmentário, desejante, utópico [...]. Este texto, em relação ao seu objeto, é uma coreografia [...]".

A força da proposta inovadora se situa justo nesse jogo coreograficamente ritualístico, sempre organizado de modo que se possa surpreender, no tecido escrito pelo e/ou sobre o negro, a "nervura da diferença", desmascarando-se, pelo modo de olhar, o que uma cultura fundamentalmente branca, europeia e judaico-cristã mascarou. Surge, assim, pulsante, a metáfora de Èsù, signo estruturador da nova forma de dizer que a ensaísta busca. Èsù, o senhor da palavra, dono dos caminhos, se faz o lugar semiótico do encontro dos signos; daí, a ocupação da encruzilhada.

Não é à toa que *A Cena* se abre com o "oriqui africano a Èsù", momento em que Leda, com a sabedoria de quem conhece o escondido nas trilhas das estradas, presta homenagem, não apenas na voz epigráfica inaugural, mas em todo o percurso crítico, ele próprio uma cerimônia de iniciação, no melhor sentido africano. A leitura de *Sortilégio*, de Abdias Nascimento, comprova, no capítulo 1, parte II – Ipadê, Ato de Encontro –, a eficácia simbólica do orixá, visto como "um mitema retórico, religioso e dramático". Por tal operacionalização conceitual, institui-se no texto o processo substitutivo das máscaras simbólicas e a negra deixa de se apresentar como o avesso da branca, reinstaurando-se a visibilidade do negro, por muito tempo um impossível na cena cultural das Américas, dominada pelo branco.

O comparativismo é a via metodológica pela qual os fios se vão enovelando/desenovelando, sempre em busca do excesso significante, imprescindível quando a margem é o palco que se ilumina. O Teatro Negro no Brasil e nos Estados Unidos serve como alicerce do edifício teórico construído pela pesquisadora a partir de uma teia de relações estabelecidas entre determinadas peças de Abdias do Nascimento, Agostinho Olavo, Amiri Baraka, Adrienne Kennedy, por exemplo, isso sem esquecer Nelson Rodrigues com seu *Anjo Negro*, o que causa a princípio um estranhamento no leitor. Mas Leda sabe o que faz. Com a inserção de Rodrigues, amplia-se o espectro do que se pode considerar "Teatro Negro", afastando de vez qualquer cerceamento conceitual. Para ela, "o termo aponta, antes de tudo, uma noção textual, dramática e cênica, representativa". *Anjo Negro* se encaixa nesse universo de representação e a autora encara intimoratamente certos tabus que rondam os pesquisadores da área.

Outra metáfora soprada em *A Cena em Sombras* é a do palimpsesto. O processo de sua elaboração ancora-se na arqueologia. A cada passo surge um texto escondido sob outros que ocupam a cena e não só em relação à produção teatral. Ao convocar o candomblé, as congadas, o carnaval, os *spirituals*, o *signifying monkey*, os serviços religiosos negros dos Estados Unidos, a ensaísta comprova ser a teatralidade o elemento fundador da expressividade do corpo negro-africano. A África, grande texto soterrado, ressurge, seja na força das obras literárias do *corpus* como, por exemplo, quando em *Além do Rio*, de Agostinho Olavo, aparece a personagem Jinga, como se sabe um dos símbolos da resistência angolana, seja nos momentos nos quais o olhar apaixonado de Leda busca desvelar a face desfigurada de uma cultura que véus densamente sobrepostos por séculos de silenciamento sufocaram.

A "escritura" africana, esse infinito, é acessada pela escrita da autora, descobrindo-se um tempo e espaço milenares através da coreografia do corpo negro encenada de várias formas no jogo social nas Américas. A força da pesquisa, ora consubstanciada em livro, está no reencontro com o dialogismo de uma memória cultural só na aparência escondida nas dobras de uma outra que sempre se viu como o grande sujeito da História. Desmascaram-se os signos encobridores e se ouve altaneira a risada de Èsù na encruzilhada criticamente desalienante do discurso da pesquisadora, cena iluminada onde o negro readquire a visibilidade e mostra sua pujança no universo semiótico das representações.

A Cena em Sombras representa, sem qualquer dúvida, um momento importante dos estudos sobre a questão negra, principalmente por se tratar de um texto surgido no espaço acadêmico da universidade brasileira, em especial em programa de pós-graduação em Letras. Os currículos neocolonizantes nacionais quase sempre fazem da cultura negra um lugar vazio ou um não lugar. O *corpus* literário, via de regra sedimentado historicamente, vem marcado pela "brancura" sistemática das produções que recebem a chancela valorativa. Cria-se um círculo vicioso dos mais perversos na formação do pesquisador da área que, não conhecendo a "literatura negra", não a elege como seu objeto, desse modo aprofundando ainda mais o vazio.

Ao recortar o Teatro Negro e a força de sua diferença, Leda Martins acumplicia-se explicitamente com um processo de reversão de expectativa, iluminando o que uma organização curricular centrada no eurocentrismo e na "brancura" insiste, nesse quase final de milênio, em deixar na sombra. Escancaram-se as cortinas e o outro, sempre oculto, é enfim mostrado como um corpo-em-diferença. A estrela-dos-ventos aponta, na *Cena* aberta, a coreografia ritual desse corpo que ousa assumir-se como sujeito da História, através das estórias representadas. As maiúsculas alegorizantes da expressão Teatro Negro, cunhadas pela autora, se encarregam de começar a contar uma outra história que precisa ser ouvida no espaço acadêmico de nosso país.

Não seria justo fechar esta fala à guisa de prefácio sem lembrar que, com *A Cena em Sombras*, Leda Maria Martins continua a expressar sua paixão pelo teatro, motivo de outro ensaio já publicado – *O Moderno Teatro de QORPO-SANTO*, 1991. Em um e outro texto, ela revela o sentido da direção de seu olhar, enviesado, mirar a margem e as sombras que a habitam. No caso do autor brasileiro do século XIX, só mais recentemente objeto de um processo de revaloração crítica, tais sombras se fazem "borrões" e se representam, segundo a leitura por ela proposta, através de diversas formas de alienação. Como o reverso do dito é o que a atrai, ela, na execução de sua tarefa, vai desfazendo as máscaras e descobrindo os véus, sempre em busca da teatralização, o outro da própria vida. Vale a pena resgatar suas palavras que tanto servem para mostrar a força do teatro do autor brasileiro do Oitocentos quanto se aplicam ao Teatro Negro do Novecentos dos dois países que focaliza: "Em *Qorpo-Santo* a realidade passa por um processo de teatralização constante, como se o real e o ficcional apresentassem apenas, como diferença, níveis de representação diversos, como se a vida fosse um palco que possibilitasse efeitos de teatro, e o teatro, como a vida, fosse um eterno feixe de ilusões."[2]

Mais injusto ainda, no palco da escrita de Leda, seria esquecer a poetisa de *Cantigas de Amares* (1983), às voltas com o intratável da linguagem artística, por ela revelada em imagens às vezes fulgurantes. A obra se arma através de um jogo intertextual explícito com produções da tradição ibérica, em especial as cantigas medievais portuguesas. Para lembrar, os versos inaugurais da "Cantiga 1":

> Ai, mia senhor, a solitude é
> Ai, mia senhor, a solitude vence
> E quero tuas mãos não as minhas
> na pele

2. L.M. Martins, *O Moderno Teatro de QORPO-SANTO*, p. 31.

E quero teus olhos não os meus
nos pelos.[3]

Refaz, em seu exercício, antigas trilhas poéticas e, no jogo da temporalidade, vira o velho pelo avesso, comprometendo-se inteira com a modernidade de seus versos, ancorados na tradição popular, seu fascínio.

Talvez por essas vias se possa encontrar uma expressão que, se não define Leda Maria Martins, porque já não se vivem tempos de definições e certezas, pelo menos serve para a tarefa de apresentá-la: o fascínio da inteireza. Em cada palavra que diz, em cada ponto para onde dirige o seu olhar, pelos caminhos poéticos ou críticos trilhados, pelas dedicatórias a um mesmo nome-ser, recorrência absoluta – Alzira (a mãe) –, ela coloca sempre a marca de sua visão apaixonada, de sua miração alumbrada:

Mirei.
Grutas
arcos
tatos.
Tão gasta
a íris.[4]

Com isso, ou por isso, ou assim, nenhuma *Cena* de linguagem com Leda Maria Martins fica *em Sombras*. A sua palavra, como as fogueiras ancestrais africanas, é fogo a iluminar a densa noite cultural de nosso país, quase sempre encobridora dos marginalizados e/ou despossuídos da História, cujas vozes, porém, continuam a gritar, pela sua, a força inquebrantável da alteridade e da diferença.

Laura Cavalcante Padilha
Niterói, março de 1993.

3. Idem, *Cantigas de Amares*, p. 5.
4. Ibidem.

NOTA DA EDIÇÃO

Optamos por traduzir as citações dos textos teóricos e/ou explicativos em língua estrangeira para propiciar uma maior fluência de leitura. Assim, em todo o caso em que não for citada uma edição em português, a tradução é nossa. Os textos dramáticos e as epígrafes, entretanto, são citados em sua língua de origem no corpo do texto, e as traduções realizadas por Rainer Patriota, sem preocupação de recriação estética, figuram no rodapé.

DESEJAMOS AINDA AO FALAR DO QUE AMAMOS

[...] *but bein alive & bein a woman & bein colored is a metaphysical dilemma / i haven't conquered yet / do you see the point my spirit is too ancient to / understand the separation of soul & gender / my love is too delicate to have thrown back on my face /* [...].

NTOZAKE SHANGE[1]

No texto "Malogramos Sempre ao Falar do Que Amamos", Roland Barthes analisa o itinerário da escritura de Stendhal em relação a uma paixão: a Itália. Barthes, também amante desse país, acompanha o percurso desejante

1. " [...] mas estar viva & ser uma mulher & ser de cor é um dilema metafísico/ eu não resolvi ainda / o ponto é que meu espírito é muito antigo para compreender a separação de alma & gênero/ meu amor é muito delicado para ser desprezado [...]." *For Colored Girls Who Have Considered Suicide / When the Rainbow Is Enuf: A Choreopoem.*

desse escritor, manifesto desde os *Diários* até *A Cartuxa de Parma*, em uma cena que Stendhal insistentemente reproduz, "como um namorado que quer encontrar essa coisa capital que regula tantas de nossas ações: o primeiro prazer", ou a primeira dor, eu acrescentaria. Enamorado da Itália, o escritor tenta descrevê-la, mas se frustra, interditado que está pelo imaginário amoroso. Há aí, como diz Barthes, uma "dialética do amor extremo e da expressão difícil", uma impotência que sufoca o sujeito desejante em face do objeto desejado, que o ilude e sempre o malogra. No entanto, Stendhal transcende esse malogro em *A Cartuxa de Parma*, quando transforma a Itália em uma festa, em um efeito realizado de linguagem. Ele só consegue dizer a sua Itália quando, verdadeiramente, a transforma em representação, quando dela se afasta e a torna escritura. A escritura, ensina Barthes, é "uma potência, fruto provável de uma longa iniciação, que desfaz a imobilidade estéril do imaginário amoroso e dá à sua aventura uma generalidade simbólica"[2].

Nesse ensaio, Barthes tece, a meu ver, uma feliz interpretação das trilhas que ousamos todos ao falar do que amamos, seja na elaboração de uma tese, na redação de um trabalho de pesquisa, ou na fabulação de qualquer outro texto – exercício de passagem de um imaginário amoroso, em que o desejo se obstina, nos interdita e malogra, a uma generalidade simbólica, na qual o desejo se metamorfoseia em escritura, saber, efeito. E é o percurso e as vias de passagem na construção do meu texto que este introito mapeia.

Meu objeto de análise – o Teatro Negro – foi-se constituindo em mim pela memória de imagens e referências, pelo visto e vivido, pela reflexão e, também, pelo encantamento. Mais ainda. A teatralidade de formas expressivas da cultura negra vem-me fascinando e seduzindo há muito.

2. R. Barthes, Malogramos Sempre ao Falar do Que Amamos, *O Rumor da Língua*, p. 301-308.

No Brasil, através dos congados e reinados, das escolas de samba, de jogos corporais, como a capoeira, dos ritos afros, da expressão brejeira do olhar mascarado. Mais tarde, os *spirituals*, os *blues*, o serviço religioso das igrejas negras, os desfiles de New Orleans, nos Estados Unidos, despertaram, em mim, memórias de ritmos e formas brasileiros, antes ainda que o primeiro contato com o texto dramático do Teatro Negro capturasse minha atenção. A posterior reflexão teórica sobre essas formas de expressão artísticas e culturais forneceu-me subsídios fundamentais para a leitura e volição do texto dramático convencional e para sua interpretação crítica.

Desses percursos emergiu o plano de tese para o doutorado em Letras, como projeto e fabulação.

Um projeto de estudo é, em seu início, um desejo e uma fantasia. Seu resultado, uma utopia. A fabricação desta minha utopia tem o Teatro Negro por objeto. O cenário de referência é o Brasil e os Estados Unidos. O foco em cena: signos de reconhecimento da singularidade e da diferença dessa modalidade dramática e teatral. Alguns objetivos iluminaram este trabalho, acrescidos por outros que, ao longo do processo de pesquisa e formulação da escrita, se manifestaram: 1. comparar o movimento do negro, como um signo dramático e cênico, no universo teatral dos dois países, em determinados períodos, sublinhando os sinais de sua singularidade; 2. apontar algumas possibilidades teóricas para a interpretação e volição críticas desse teatro, utilizando a teatralidade da cultura negra como um conceito operacional, que se manifesta no teatro, em particular, e na cultura afro, em geral; 3. destacar os níveis e processos de deslocamento, desconstrução e construção sígnicos operados pelas manifestações desse teatro, na fabulação da personagem, na elaboração e projeção de formas cênicas diferenciadas, na concepção teatral e na própria tematização de questões ligadas à raça e à cultura negras.

No termo que designa o objeto, *negro*, inscreve-se um primeiro desafio. Do que se fala, quando se fala negro?

Da cor do dramaturgo ou ator? Do tema? Da cultura? Da raça? Do sujeito? Na verdade, de tudo um pouco, ou melhor, fala-se da relação de tudo. O negro, a negrura, não traduz, neste trabalho, a substância ou a essência de um sujeito, de uma raça ou cultura, nem um simples motivo temático recorrente. O termo aponta, antes de tudo, uma noção textual, dramática e cênica, representativa. Essa noção recupera o sujeito cotidiano, referencial, como uma instância da enunciação e do enunciado, que se faz e se constrói no tecido do discurso dramático e na tessitura da representação.

A negrura não é pensada, aqui, como *topos* detentor de um sentido metafísico, ou um absoluto. Ela não é apreendida, afinal, como uma essência, mas, antes, como um conceito semiótico, definido por uma rede de relações. A análise de expressões do Teatro Negro me leva a sublinhar que sua distinção e singularidade não se prendem, necessariamente, à cor, fenótipo ou etnia do dramaturgo, ator, diretor, ou do sujeito que se encena, mas se ancora nessa cor e fenótipo, na experiência, memória e lugar desse sujeito, erigidos esses elementos como signos que o projetam e representam. Nesta reflexão, a expressão Teatro Negro não delimita, ou demarca, fronteiras discursivas excludentes, ou conceitos monolíticos, prescritivos. O que busco é discernir alguns traços e rastros sígnicos que me permitam apreender a nervura da diferença, evitando, assim, o engodo das concepções generalizantes e universalistas, que, muitas vezes, discriminam sem, no entanto, compreender e apontar, criticamente, os traços da diversidade. O que almejo, em síntese, no percurso deste texto, é acentuar, no movimento do signo negro, em suas variadas posições e funções, um outro saber também possível – possível de verdades, possível de legitimidade, possível de encanto e sedução, e, como todo saber, passível, porém, de fendas, de rasuras, de incompletudes. Este texto, portanto, não se quer monolítico e triunfante, porque se sabe fragmentário, desejante, utópico; não se faz prescritivo, porque se vê como possibilidade de percurso e não como receituário de verdade; desenha o singular, que é do objeto e da enunciação, porque contempla a pluralidade; acentua os traços da diferença e o valor da alteridade, sem elidir a semelhança, nossa humanidade comum. Este texto, em relação ao seu objeto, é uma coreografia, cuja assimetria joga com a natureza deslizante da linguagem e dos conceitos, no tablado ritualístico dos discursos.

Para ressaltar a singularidade do Teatro Negro, procurei conjugar o conhecimento crítico-teórico, com o qual a crítica está mais familiarizada, com outras possibilidades de apreensão e de interpretações teóricas e estéticas, explorando elementos operacionais da cultura negra nas Américas e modos do pensamento artístico e teórico africanos. Busquei, assim, ampliar o leque de possibilidades de leitura que me permitissem abordar, de forma mais ampla, o objeto aqui explorado. Em muitas dobras, portanto, faz-se este texto, que dialoga com discursos variados: Teoria e História do Teatro, Teoria Literária, Semiótica, História das Culturas, Antropologia, Psicanálise e outros saberes e falas que nele contracenam numa sintaxe complementar. Esse bordado e entrançamento contemplam, ainda, a própria natureza da atividade teatral, uma modalidade artística intrinsecamente dialógica e intersemiótica, que orquestra, em sua execução, signos de variados ramos do conhecimento e do saber.

Meu texto desdobra-se em dois movimentos. A primeira parte, "Efeitos de Linguagem", compõe-se de dois capítulos. O primeiro, "O Negro na Cena Imaginária do Branco", traça um perfil do negro como signo dramático no cânone teatral dos Estados Unidos e do Brasil, realçando as projeções e interdições que o palco tradicional produz. No capítulo 2, "Negro Que Te Quero Negro", procuro, num primeiro momento, recuperar a memória da acepção do termo *teatro*, operando uma distinção metodológica entre texto dramático (o texto escrito) e texto performativo (o texto em representação), o que me permite deslocar o conceito de teatro das paredes do palco convencional para nele incluir outras formas de manifestação e expressão teatrais. A seguir, busco mapear a história da constituição do Teatro Negro no Brasil e nos Estados Unidos, realçando suas vias de formulação e asserção, sua trajetória, de construção cênica e dramática. Nessa textura, destaco alguns elementos constitutivos da teatralidade em variadas formas de expressão da cultura afro, os quais utilizo como conceitos operacionais para análise da própria cultura e teatro negros. Entre eles, realço a encruzilhada (*entrelugar* da ilusão semiótica), o jogo das aparências, a dupla fala, o dialogismo, o mascaramento sígnico, o uso da ironia. Este capítulo, portanto, contextualiza o objeto de estudo, projetando, ainda, o território a ser desvelado com maior ênfase na segunda parte do livro, em que analiso o Teatro Negro dos anos 1960, nos Estados Unidos, e o Teatro Experimental do Negro de fins dos anos 1940 e início dos 1960, no Brasil.

Na segunda parte, "Uma Coreografia da Diferença", detenho-me na reflexão sobre os textos dramáticos dos períodos por mim privilegiados. Apesar das diferenças culturais, regionais, históricas e sociais entre os dois países enfocados, a análise comparativa das suas manifestações teatrais revela alguns elementos universais de expressão e figuração cênico-dramática, que podem ser sistematizados teoricamente devido à sua recorrência no texto dramático e no texto teatral. Os anos 1960 são focalizados com maior ênfase nos Estados Unidos, pela relevância da produção de um teatro que constitui uma das modalidades artísticas mais ricas e dinâmicas no contexto do Black Arts Movement e nas lutas pela conquista dos direitos civis para os negros. No caso brasileiro, a eleição do Teatro Experimental do Negro como objeto de estudo deve-se ao papel desempenhado por ele no panorama teatral do país, revelando-se uma tentativa mais sistematizada de se projetar o negro como um signo cênico diferenciado, em contraposição à figuração tradicional, grotesca e caricatural, que prevalecia (e ainda prevalece) no palco brasileiro.

No capítulo 1 da parte II, "Ipadê, Ato de Encontro", sublinho a íntima relação entre teatro e mito, teatro e rito, nas culturas africanas e afro-americanas, em que se estreitam os limites entre o ato social, cotidiano, e o ato ou função teatral, ambos vividos sob o signo do ritual. Essa articulação é recuperada em muitos dos textos dramáticos que nela se apoiam e que a atualizam e transformam cenicamente, de modo dinâmico. O capítulo 2 da parte II, "Negro e Branco na Coreografia do Desejo", centra-se na fabulação da personagem e na construção da máscara dramática, ressaltando o movimento de inscrição e circulação do desejo que fundamenta as relações dos sujeitos que se encenam.

As peças abordadas realçam, na cenografia das personagens, do desejo e das relações humanas representadas, que o sujeito é uma construção que se faz e se tece em processo, sempre em relação a outros sujeitos. Estes, assim como os signos que os representam, só se constituem e significam no seu contexto. Na construção de sua enunciação, nas metáforas cênicas arquitetadas e nos seus enunciados, o Teatro Negro, em suas mais ricas realizações, corrompe a figuração e a representação estereotípicas, deslocando-as pelo acréscimo de outras elaborações e fabulações possíveis. Esse teatro realça, assim, a diferença como um traço distintivo que, nos vazios da semelhança, faz aflorar o *eu* e o *outro*, quebrando, ainda, a repetição dos papéis e dos discursos que sombreia a plural magia do palco.

O Teatro Negro não se esgota nas expressões e manifestações aqui sublinhadas. O corte epistemológico não designa o todo, ainda que o contemple metonimicamente. Ao destacar alguns traços da diferença que o singulariza, procuro delinear uma sua possível coreografia, em um exercício de leitura que promove uma escavação insistente do signo e de sua significância, buscando retirar da clausura o sentido dos signos em movimento.

Troia não é uma, mas várias. É superposição, fusão, ruína e revelação, que o pesquisador desvela, contempla, celebra. A pesquisa arqueológica do signo revela as ruínas que ele arrasta, as memórias que esconde, o fulgor de sua potencialidade e os inúmeros saberes que a todos desafiam. Na escritura, reluz apenas uma certa possibilidade de apreensão da memória e do saber do objeto contemplado, que é múltiplo, vário, Troia. No exercício do fazer textual, o escrevente, qual Stendhal, desfaz a paralisia do imaginário amoroso e transforma o desejo em uma aventura de símbolos. O triunfo, entretanto, é, ainda, do desejo, que não se retrai ou se cumpre, apenas se deixa representar, simboliza. Desejamos ainda ao falar do que amamos. Esta reflexão, esta longa iniciação simbólica, vos é oferecida, portanto, como fruto provável de um desejo e vereda possível de um percurso teórico e vivencial. Este texto, ainda desejante, faz-se, assim, como uma voz em *off* em um cenário plural, múltiplo – uma voz que fala das sombras e da cena, que se fala na cena, que desfaz e refaz a cena, que desvela a cena e, no mesmo movimento, se encena.

PARTE I: EFEITOS DE LINGUAGEM

Ai, palavras, ai, palavras,
que estranha potência, a vossa!

CECÍLIA MEIRELES

1.
O NEGRO NA CENA IMAGINÁRIA DO BRANCO

Qual é a cor da minha forma, do meu sentir?
Qual é a cor da tempestade de dilacerações
que me abala? Qual a dos meus sonhos e
gritos? Qual a dos meus desejos e febre?

CRUZ E SOUZA

I am an invisible man. [...] I am invisible, understand, simply because people refuse to see me. Like the bodiless heads you see sometimes in circus sideshows, it is as though I have been surrounded by mirrors of hard, dis- torting glass. When they approach me they see only my surroundings, themselves, ornaments of their imagination – indeed, everything and anything except me.[1]

Ralph Ellison

1. "Eu sou um homem invisível. [...] Sou invisível, entenda, simplesmente porque as pessoas se recusam a me ver. Como as cabeças ►

Na epígrafe à peça *Les Nègres*, Jean Genet relata que certo ator, um dia, lhe pedira que escrevesse uma peça para um elenco todo negro. Em face dessa solicitação, Genet indaga: "Mas o que é exatamente um negro? Em primeiro lugar, qual a sua cor?"[2] Essa indagação traduziu-se nessa tão famosa e controvertida peça, que se constitui por um jogo de máscaras, uma *mise-en-abime* elaborada por um ambíguo movimento de simulações e duplicidade. Afinal, pode-se também ler, nas máscaras de *Les Nègres*, um artifício metateatral, que metaforiza a variedade de discursos e a pluralidade de linguagens que, colados à face negra dos atores/personagens, têm definido o negro socialmente, sempre a partir de um referente imediato e analógico – a máscara branca, seu contraponto.

A indagação de Genet parece advir de uma perplexidade, de um desconforto. Que é um negro senão o discurso que o institui e o constitui como tal, frente ao olhar que o revela a si mesmo e ao outro? Que miragem, afinal, o inventa e revela? De que lugar provém a fala que o constrói? Ao se perguntar qual a cor do negro, no íntimo Genet nos assalta. Qual o valor semântico dessa cor? Que marcas semióticas estão manifestas no negro como um ser, como um signo, no prisma ideológico que atribui um significado social a essa cor, traduzida também como uma raça e uma cultura?

Responder, ainda que parcialmente, a essas questões é procurar investigar, nos interstícios da linguagem e dos saberes, as práticas discursivas que têm o negro como referência, desvelando os enunciados que o escrevem e inscrevem como um matiz particular no cenário das relações

▹ sem corpos que às vezes você vê nos espetáculos de circo, é como se eu estivesse cercado por espelhos de vidro duro e deformante. Quando eles se aproximam de mim, veem apenas o que me cerca, a si próprios, ornamentos de sua imaginação – de fato, tudo e qualquer coisa, exceto eu."

2. J. Genet, Les Nègres, clownerie, *Oeuvres completes*, p. 79.

sociais. Essa inscrição, disseminada em modos discursivos diversos, define um saber edificado como verdade que se criva nas relações de poder da práxis social. Conforme adverte Foucault, a verdade é circular e traduz-se numa série "de procedimentos regulados para a produção, a lei, a repartição, a circulação e o funcionamento dos enunciados", estando intimamente ligada a relações de poder, cujos efeitos a induzem e reproduzem[3]. Assim, a cor de um indivíduo nunca é simplesmente uma cor, mas um enunciado repleto de conotações e interpretações articuladas socialmente, com um valor de verdade que estabelece marcas de poder, definindo lugares, funções e falas.

A sociedade ocidental tem-se prodigalizado na produção de enunciados sobre o negro, através dos quais se legitimam sistemas e regimes de exclusão, como o escravismo, o *apartheid*, a marginalização econômico-social. Na África do Sul, no Brasil, nos Estados Unidos, por exemplo, os enunciados *verdadeiros* sobre os negros fazem circular, por meio de procedimentos e artifícios variados, um discurso do saber que sanciona práticas de domínio e violência. Foucault alerta ainda que os saberes nunca são neutros, pois, através deles, os poderes se exercem:

> Cada sociedade tem seu regime de verdade, sua "política geral" de verdade, isto é, os tipos de discurso que ela acolhe e faz funcionar como verdadeiros; os mecanismos e as instâncias que permitem distinguir os enunciados verdadeiros dos falsos, a maneira como se sancionam uns e outros; as técnicas e os procedimentos que são valorizados para a obtenção da verdade; o estatuto daqueles que têm o encargo de dizer o que funciona como verdadeiro.[4]

Na construção dos saberes e das verdades que legitimam e veiculam preconceitos raciais, étnicos, de gênero, entre outros, a linguagem verbal desempenha um papel ímpar. O uso do signo linguístico constitui uma das formas mais

3. M. Foucault, *Microfísica do Poder*, p. 13.
4. Ibidem, p. 12.

perversas de segregação e controle. O signo manifesta, assim, em sua significância, a sua marca ideológica, porque, segundo Mikhail Bakhtin, "o domínio do ideológico coincide com o domínio dos signos: são mutuamente correspondentes. Tudo que é ideológico possui um valor semiótico"[5].

Derrida também adverte que não há racismo sem uma linguagem que o veicule. Os atos de violência racial não se restringem à expressão verbal, mas, necessariamente, exigem uma linguagem que os expresse e os faça circular[6].

No Brasil, a linguagem cotidiana oferece um dos melhores, ou piores, exemplos dessa prática, por meio de um código específico que define a significância convencional e ideológica do signo negro. Através do uso sistemático de vocábulos, provérbios e expressões populares, cuja carga semântica está, simbólica e arbitrariamente, carregada de conotações pejorativas, o racismo brasileiro exercita-se numa linguagem violenta, que inscreve o preconceito como norma e marca seu objeto referencial como símbolo negativo, veiculando um saber e uma verdade internalizados na práxis social.

O signo *negro* está intimamente identificado com um valor depreciativo nas mais diversas situações da fala brasileira, definindo uma posição social ou adjetivando um grupo racial e uma cultura. "Um dia *negro*", "a ovelha *negra* da família", por exemplo, são expressões que explicitam uma analogia entre o que é negro e o que é considerado ruim ou desagradável. "Lugar de *negro* é na cozinha", "*negro* quando não suja na entrada, suja na saída", "trabalho de *negro*" são ditos ou expressões populares que têm o negro como objeto. Identificando um sujeito enunciado na própria margem do discurso, essa linguagem destaca-o como um outro não apenas diferente, mas indesejável, ou desejável em lugares previamente determinados.

5. M. Bakhtin, *Marxismo e Filosofia da Linguagem*, p. 32.

6. J. Derrida, Racism's Last Word, em H.L. Gates Jr. et al., "*Race*", *Writing and Difference*, p. 331.

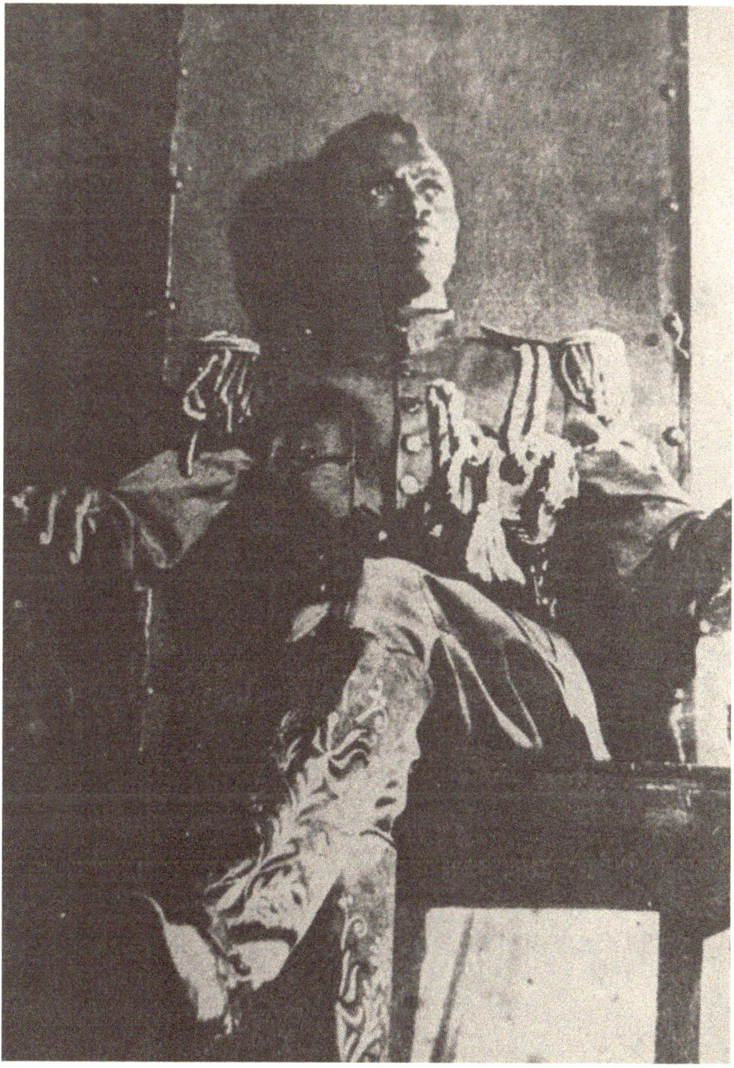

O Imperador Jones, *com Aguinaldo Camargo. Teatro Municipal, Rio de Janeiro, 1945.* (*Acervo Ruth de Souza – Coleção* IBAC.)

Esse mesmo valor semiótico está presente na variedade de signos empregados para diferenciar os matizes de cor na sintaxe das relações raciais. Os termos *preto*, *pardo*, *moreno*, *mulato*, *crioulo* estão articulados numa rede metonímica de exclusão, que instaura e delimita as posições *possíveis* para o elemento negroide na estrutura social brasileira. Thales de Azevedo identificou mais de trezentos vocábulos que, no Brasil, são empregados para distinguir os vários tipos raciais, "de modo a tornar possível a determinação do *status* social dos indivíduos segundo suas feições, sua educação e maneira, a renda, a ocupação, personalidade", delimitando, assim, seu movimento social[7].

Essa variação semiótica flutua entre dois polos paradigmáticos, tidos como opostos. De um lado, o signo da *brancura*, sinônimo do bem e do belo; do outro, o signo da *negrura*, metáfora do mal e do feio. A diversidade metonímica dos termos designativos procura assinalar, no discurso mítico da *democracia racial*, um deslocamento semântico: quanto mais próximo do modelo de brancura, eleito como ideal, maior poder de mobilidade social teria o elemento de cor. O discurso racista constrói, assim, uma escala gradativa, que elege, aleatoriamente, os matizes de uma tolerância possível, que, no íntimo, pretende mascarar a realidade de uma marginalização coletiva. O artifício linguístico revela-se, portanto, sintoma de uma prática racista que não discerne, apenas discrimina, pois, em todas as suas variações, os signos que designam o sujeito negro estão impregnados de um valor pejorativo mais ou menos ostensivo.

Segundo Bakhtin, "a psicologia do corpo social se manifesta essencialmente nos mais diversos aspectos da enunciação sob a forma de diferentes modos de discurso"[8]. E são esses modos de discurso que desenham o corpo do sujeito enunciado à revelia de sua individualidade. No caso brasileiro, os enunciados que definem o sujeito

7. T. de Azevedo, *Democracia Racial: Ideologia e Realidade*, p. 32.
8. M. Bakhtin, op. cit., p. 42.

negro manifestam uma categorização e um pensamento coletivos que, implicitamente, legitimam todos os atos de violência a eles acoplados. Repetidos e reificados nas mais diversas modalidades discursivas – cotidiana, literária, publicitária, plástica, televisiva e dramática –, esses enunciados veiculam um saber que demarca as posições e os limites do negro na estrutura de produção de fala e de poder. Nesse universo anônimo, porque coletivo, a violência da discriminação racial exercita-se numa linguagem autofágica e adversativa, através da qual se projeta o sujeito negro como cor/po e imagem.

O Cenário do Invisível

No universo literário, Roger Bastide sintetizou algumas marcas discursivas coladas à personagem negra, tais como "feiura simiesca", "Vaidade pretensiosa e ridícula", "sexualidade desenfreada", "caráter pueril e infantil", "imbecilidade", "animalidade"[9]. Outros autores[10] reiteram a sobrevivência e a recorrência abusiva dessa figuração, demonstrando a contiguidade entre o discurso cotidiano e o discurso ficcional na prática de ideação do signo negro. A rede semiótica que veicula essas marcas produz, assim, um tabu estético singular, que reproduz uma imagem grotesca e caricatural do negro.

Saber e poder, discurso e domínio são complementares. Nessa estreita relação, o que faz com que o poder se mantenha e seja aceito é que "ele não pesa só como uma força que diz não, mas que de fato ele permeia, produz coisas, induz ao prazer, forma saber, produz discurso"[11]. O sujeito, em síntese, não existe fora das relações de poder, mas, ao contrário, se faz e se constitui como um seu efeito.

9. R. Bastide, *Estudos Afro-brasileiros*, p. 122.
10. Ver D. Brookshaw, *Raça e Cor na Literatura Brasileira*; T. Queiroz Jr., *Preconceito de Cor e a Mulata na Literatura Brasileira*.
11. M. Foucault, op. cit., p. 8.

Enquanto objeto de uma enunciação coletiva, que silencia sua voz e castra os índices de sua alteridade, o negro torna-se um efeito de linguagem sobre o qual se exerce um poder eficiente de discriminação e elisão. No discurso do poder, que engendra o discurso dos saberes, fala-se o negro como um avesso, cujos contornos e movimento a linguagem demarca. Dessa forma, como atesta Derrida, o discurso racista, constituindo um sistema de marcas, "institui, declara, escreve, inscreve, prescreve", delimitando "espaços para fixar residência forçada ou para fechar fronteiras. Ele não discerne, ele discrimina"[12].

Essa demarcação atinge uma de suas fronteiras mais rígidas no teatro brasileiro, em que, até as primeiras décadas do século XX, a presença da personagem negra revela uma situação limite, a da *invisibilidade*. Esta se traduz não apenas pela ausência cênica da personagem, mas também pela construção dramática e fixação de um retrato deformado do negro. Os modelos de representação cênica que criam e veiculam essa imagem apoiam-se numa visão de mundo eurocêntrica, em que o outro – no caso o negro – só é reconhecível e identificável por meio de uma analogia com o *branco*, este, sim, encenado como sujeito universal, uno e absoluto. Nesse teatro, o percurso da personagem negra define sua *invisibilidade* e *indizibilidade*. Invisível, porque percebido e elaborado pelo olhar do branco, através de uma série de marcas discursivas estereotipadas, que negam sua individualidade e diferença; indizível, porque a fala que o constitui é gerada à sua revelia, reduzindo-o a um corpo e a uma voz alienantes, convencionalizados pela tradição teatral brasileira.

Miriam Garcia Mendes constata que o negro só começa a despertar a atenção dos dramaturgos brasileiros a partir da década de 1850, após cessar o tráfico legal de escravos. Até então, como atestam as comédias de Martins Pena, a personagem negra apenas compõe o cenário,

12. J. Derrida, op. cit., p. 331.

figurando simplesmente como "elemento característico da sociedade brasileira da época", sem ser, sequer, nomeado na lista de personagens[13].

Depois de 1851, a figura do negro escravo, ou de seus descendentes, passa a ser uma *imago* convencionalizada pela cena teatral, com contornos mais definidos. Salvo raríssimas exceções, o negro, como signo cênico, projeta-se em três modelos predominantes: o *escravo fiel*, tipo de cão amestrado, dócil e submisso, capaz de submeter-se aos maiores sacrifícios em benefício de seu *senhor*; o *elemento pernicioso* e/ou *criminoso*, as chamadas *cobras venenosas* que ameaçam o equilíbrio e a harmonia do lar senhorial, devendo ser, portanto, punidas e excluídas do convívio social; o *negro caricatural*, cujo comportamento ridículo e grotesco motivava, e ainda motiva, o riso das plateias.

Esses modelos de ficcionalização emergem de uma matriz estrutural – o imaginário do branco – projetada em um discurso cênico-dramático, que pulveriza completamente a alteridade do sujeito negro. No jogo de espelhos da cena teatral, o negro é, assim, uma imagem não apenas invertida, mas avessa. A experiência da alteridade, sob a égide do discurso escravocrata, é a própria experiência da negação do outro, reduzido e projetado como simulacro ou antônimo de um ego branco narcísico, que se crê onipotente.

O estereótipo do *escravo fiel* que aparece, por exemplo, em *O Cego*, de Joaquim Manuel de Macedo, em *O Escravo Fiel*, de Carlos Antônio Cordeiro, em *Os Pupilos do Escravo*, de Costa Lima, ou em *Mãe*, de José de Alencar, é representado sob duas facetas básicas: de um lado, como máscara de submissão absoluta, docilidade e conformismo, representa o negro desejado pelo sistema, encobrindo o perfil do escravo socialmente visível, de cujas revoltas, fugas e suicídios a historiografia mais recente nos dá notícia;

13. M.G. Mendes, *A Personagem Negra no Teatro Brasileiro Entre 1838 e 1888*, p. 174.

por outro, mas sob o mesmo enunciado, a personagem é utilizada para ressaltar as *benesses* do sistema escravista e do senhor branco, encenados como modelos de justiça social, que passavam suas *boas qualidades* aos seus servos por *puro contágio*. Nesse sentido, o bom negro é uma projeção narcísica, através da qual o branco pode contemplar-se e rejubilar-se simbólica e imaginariamente: "Mas essa qualidade do negro não lhe era intrínseca, isto é, ele não era bom, honesto, dedicado, afetuoso, porque sua natureza era essa; tais qualidades eram antes o reflexo das boas qualidades do senhor que, afortunadamente, se corporificavam no escravo."[14]

O elemento *pernicioso* e/ou *criminoso* é representado por personagens como Pedro, em *O Demônio Familiar*, de José de Alencar, e Bráulia, em *História de uma Moça Rica*, de Francisco Pinheiro Guimarães. Ao contrário dos escravos fiéis, essas personagens são elaboradas como protótipo do mal, por apresentarem, em certos níveis, reflexos de consciência racial e tendência à autoafirmação. Por sua rebeldia e/ou natureza *maligna*, oferecem o exemplo de uma marca que deve ser apagada, para a própria sobrevivência do sistema social que os submete. Desenhados como antônimos do branco, são, ainda, resultados da mesma projeção narcísica, na medida em que invertem o modelo e ideal de escravo que ecoa, por extensão, a fala e o desejo senhoriais.

O terceiro modelo apontado, o do negro *personagem caricatural*, é um dos efeitos mais eficazes da fabricação ideológica, que prima pela mitificação da diferença como um traço abjeto. Desde o século XIX, nas comédias pré e pós-abolição, a máscara do ridículo cola-se à personagem negra, que se torna símbolo ostensivo da comicidade construída pela maximização do grotesco. Ridiculariza-se seu registro verbal, pois é considerado incapaz de aprender o português padrão e de expressar-se adequadamente;

14. Ibidem, p. 83.

menosprezam-se sua visão de mundo, seus costumes, crenças e religiosidade; banaliza-se sua herança cultural e carnavalizam-se, grosseiramente, seu corpo e expressão facial, que se tornam sinônimos de um absurdo desvio estético. Tido como inferior, de acordo com as teorias raciais divulgadas na época, quando necessário ressalta-se sua força bruta, *semi-animalesca*, e seu estado *primitivo*. Através do grotesco e da caricatura, o teatro criva o estatuto social do negro como um não sujeito, abafando sua singularidade e erigindo-o em signo provocador de um efeito corrosivo: o riso. Assim, Lourenço, em *Os Pupilos do Escravo*, Pedro, em *O Demônio Familiar*, e Felisberta, em *Direito Por Linhas Tortas*, dão origem aos tipos caricaturais que se estenderão às comédias de costume das primeiras décadas do século XX e pelas telas de hoje.

Através dessas marcas constantes na dramatização da *persona* negra, a convencionalização teatral repete um discurso do saber que se propõe como verdade. E é como saber e como verdade que esse discurso faz circular o poder estruturante e modelador das relações raciais no Brasil, legitimando, no estatuto das personagens, o estatuto mesmo das práticas de domínio social. Mimetizando as relações de poder que se preservam dentro e fora do palco, o teatro brasileiro reduz a personagem negra ao silêncio e à invisibilidade. Diante dos espectadores, deslizam esqueletos de personagens, cujas imagens fragmentadas e distorcidas parecem fluir de uma imaginação perversa. Desse modo, caracteriza-se, na alegoria teatral, o discurso desejante da elite branca de negar ao elemento negro o estatuto de ser.

Na idealização das imagens do negro, o teatro brasileiro, desde o século XIX, tem-se apoiado, portanto, em um argumento de autoridade que estabelece, *a priori*, um valor de significância negativo para o signo negro. No discurso do poder que se manifesta no discurso do saber teatral, o reconhecimento da alteridade reduz-se à negação e/ou à manipulação grotesca da diferença. Desse modo, a elaboração cênica da *imago* do negro compactua com os valores e mitemas de uma mentalidade racista discriminatória. Nesse teatro, a fala do negro nunca é a sua voz e, menos ainda, o seu discurso. Reforçando o emblema da brancura e veiculando os paradigmas sociais ligados às noções de raça e cor, a construção das personagens, no teatro brasileiro, ancora-se numa ilusória noção de sujeito: no proscênio, a máscara branca, como espelho do bem e do belo; na periferia da cena, a máscara negra, um avesso da branca, um pastiche em que se desenha o mal, o feio e o ridículo.

Nesse cenário, a cena teatral, para o negro, é o lugar do discurso senhorial, sinal característico, segundo Albert Memmi, da "despersonalização do dominado", que "jamais é caracterizado de maneira diferencial", só tendo "direito ao afogamento no coletivo anônimo"[15]. O teatro não causa, assim, nenhum estranhamento ao espectador, que se defronta com modelos perfeitamente reconhecíveis e familiares à sua imaginação. Na sintaxe que estrutura esse discurso, a personagem branca é traçada como sujeito superior e a *persona* negra, objeto enunciado, como ser inferior. Nesse modelo binário, de oposição e exclusão, branco e negro tornam-se signos polares e antagônicos, que têm abafada sua natureza plural e se apresentam como lei, norma, paradigma, configurando-se, portanto, como símbolos.

No lugar de referência privilegiado que constitui a cena teatral, desenrola-se, pois, para o negro, um drama particular: a invenção e a circulação de uma imagem sombreada, de uma face invisível, de uma voz reprimida que o Teatro Experimental do Negro, a partir de 1944, tentará descentrar, romper e desvelar.

Ao comparar a presença do negro no teatro do Brasil e dos Estados Unidos, o pesquisador defronta-se com a reificação de alguns padrões de configuração cênica similares. Ainda que eu não me proponha a analisar, em toda

15. *Retrato do Colonizado Precedido pelo Retrato do Colonizador*, p. 69.

a sua extensão, as particularidades históricas e conceituais que moldam a criação dramática, creio ser possível destacar alguns *topos* universais paralelos no ideário teatral dos dois países, apesar de todas as diferenças culturais, políticas e sociais que os circunscrevem. Essa comparação permite conjugar e compreender posições particulares de um mesmo fenômeno em um universo discursivo e pragmático mais abrangente. Segundo Armand Nivelle, para o teórico dos estudos comparados não importa tanto aclarar um fenômeno nacional, mas, sim, examinar sua posição em um movimento mais amplo e, assim, "colocá-lo dentro deste marco de referência em um lugar diferenciado", determinando "sua função histórica e teórica nesta totalidade"[16].

Sob tal perspectiva, é possível destacar, em um cenário aparentemente diverso, os mesmos jogos dramáticos e uma coreografia ideológica similar. Desde o século XVIII, quando emergem as primeiras manifestações teatrais nos Estados Unidos, a figuração do negro convencionaliza-se por meio de uma *imago* elaborada pela via da caricatura e da hipérbole degenerativa. Analisando a incipiente personagem negra em peças como *Padlock* (Cadeado), de 1769; *The Fall of British Tyranny* (A Queda da Tirania Britânica), de 1776; *Robinson Crusoe and Harlequin Friday*, (Robinson Crusoé e Sexta-Feira Arlequim), de 1786; e *The Triumph of Love* (O Triunfo do Amor), de 1795, Loften Mitchell conclui que essas peças já sistematizam um modelo de construção dramática, estabelecendo "o trajeto que levaria o homem negro a ser representado no palco americano como algo a ser ridicularizado e uma criatura a quem se negava humanidade"[17]. Nesse percurso, vão se salientar, entre outros, os estereótipos do negro cômico, encarnados em tipos como Jim Crow, que divertia as plateias nos *shows* de menestréis.

16. Para Que Sierve la Literatura Comparada, em M. Schmeling et al., *Teoria y Praxis de la Literatura Comparada*, p. 208-209.
17. L. Mitchell, *Black Drama*, p. 18.

Após a Guerra Civil, o ideário de democracia e igualdade racial é eclipsado pela necessidade prática de uma economia capitalista efervescente, cujo sucesso dependia de uma mão de obra desqualificada e barata, requisitos que a minoria negra recém-emancipada preenchia. Abortando as expectativas dos negros e os ideais reconstrucionistas, são institucionalizadas as leis de segregação racial, que não reconheciam os direitos de cidadania das populações de cor, consideradas uma subespécie, inferiores aos brancos e incapazes de atingir seu grau de *civilização*. Teorias *científicas* e filosóficas da pretensa inferioridade racial dos negros circulavam pelo país, divulgadas em textos de Jefferson, Kant, Hegel e outros, coagulando-se no inconsciente da sociedade branca, que as simbolizava na prática do *apartheid* e dos linchamentos.

O teatro, como um espelho refletor da época, mimetiza a mesma violência no nível artístico e cultural, disseminando, nas metáforas cênicas, as teorias da desigualdade racial e popularizando algumas imagens emblemáticas, tais como a *trágica mulata*, ou *octoroon*[18], o *uncle* Tom (pai Tomás) e a *mummy*, modelos de servilidade e submissão absoluta, e o *negro selvagem e brutal*. Essas figuras habitam o imaginário do discurso racista que as articula e movimenta, num trágico efeito de linguagem e de poder, que se reflete não apenas no plano simbólico do palco, mas, fundamentalmente, no cotidiano das relações raciais.

No início do século XX, em 1906, uma peça de Thomas Dixon, *The Clansman* (O Membro da Klã), sumariza as atitudes correntes com relação ao negro, tornando-se um símbolo legitimador da violência racial que se espalha por todo o país. A peça, posteriormente celebrizada no filme *The Birth of a Nation* (O Nascimento de uma Nação), glorificava o grupo de extermínio Ku Klux Klan, caracterizando os negros como brutos, cuja emancipação

18. Terminologia derivada do francês (*quarteron*) e do espanhol (*cuarterón*), especificando a porcentagem de "sangue negro" na ascendência de um indivíduo: *quadroon* (1/4), *octaroon* (1/8) e *quintroon* (1/16).

constituíra um *grave* erro. O texto de Dixon e o filme a que deu origem sublinham uma imagem de negro modelar, aglutinando-lhe uma série de atributos negativos, tais como selvagem, bruto, ignorante, monstruoso, psicopata e estuprador nato.

Como acontecia também no Brasil, são raros os dramaturgos que procuravam deslocar os moldes de figuração da personagem negra, desviando as bases de sua representação cênica. Eugene O'Neill é um dos poucos teatrólogos que, já na década de 1820, buscam alternativas para a ficcionalização do negro, em peças como *The Emperor Jones* (O Imperador Jones), *Dreamy Kid* (Criança Sonhadora) e *All God's Chillun Got Wings* (Todas as Crianças de Deus Têm Asas).

Encenada inicialmente em 1920, *The Emperor Jones* foi produzida inúmeras vezes nas décadas seguintes. A figura do negro Brutus Jones, protagonista da peça, criou controvérsias quanto à eficácia de O'Neill em moldar novos traços de caracterização para o negro. A mesma polêmica foi, na década de 1960, provocada, em Nova York, pela montagem de *Les Nègres* (Os Negros), de Jean Genet. Assim como este, O'Neill procura situar, conceitualmente, o negro através de um contraponto comum, o branco, como se ambos fizessem parte de uma dualidade ontológica, imagens duplas e intercambiáveis de um mesmo fenômeno universal. Muitos intelectuais e críticos viram, na peça, um estereótipo às avessas, por meio do qual O'Neill deixava implícito que, na posição de poder, o negro agiria como o branco, estabelecendo um império e marginalizando o outro: "[...] O'Neill implicitamente sugere que não há realmente necessidade de buscar-se a libertação do povo negro, pois, uma vez livres, eles farão o mesmo que os brancos"[19]. Apesar de todas as objeções, os críticos reconheciam o caráter de excepcionalidade da peça, que oferecia um dos mais ricos e desafiadores papéis

19. Ibidem, p. 76.

para o artista negro, através do qual atores como Charles Gilpin e Paul Robeson puderam exercer, com maestria, seu talento dramático.

Nas décadas posteriores, a presença da personagem negra segue a trilha dos estereótipos. Mesmo dramaturgos mais críticos, entre eles Lilliam Helman, não fogem a essa caracterização estereotípica, conforme atesta sua peça *Another Part of the Forest* (traduzida no Brasil como No Caminho da Vida), da década de 1940.

No entanto, em uma cena paralela, muitas vezes marginal e periférica, o próprio negro – dramaturgo, ator, diretor, produtor, crítico e espectador – desenvolvia sua expressão teatral e dramática, procurando abalar as estruturas discursivas e cênicas tradicionais, num movimento de desconstrução, que culminaria na ruptura definitiva operada pelo Teatro Negro dos anos 1960.

Em variados níveis de manifestação e inserção contra ideológica, os negros estadunidenses, apesar do *apartheid* e do racismo institucional – e talvez por causa deles mesmos –, sempre fomentaram a edificação de instituições paralelas, criando verdadeiros bolsões culturais de resistência e estímulo a várias atividades teatrais, artísticas, políticas, educacionais e religiosas. A literatura, por exemplo, testemunha o percurso singular do escritor negro, que se utilizou dramaticamente da escrita como veículo de autonomeação e de afirmação racial. No crivo da escritura, desenhava-se o próprio crivo de uma humanidade que o sistema de *apartheid* procurava negar e abafar. A inscrição e a escrita alternativas instauram, assim, uma literatura *sui generis*, que descentra os símbolos universais eleitos pela *intelligentsia* nacional, recompondo-os por meio de formas e mitemas de origem africana. O *black English*, essa fala emblemática, tipicamente afro-estadunidense, é, possivelmente, o eco mais visível dessa desterritorialização e desse descentramento, operando um ostensivo ruído linguístico no macrocosmo da cultura estadunidense. O Teatro Negro acompanha esse movimento contínuo de eleição

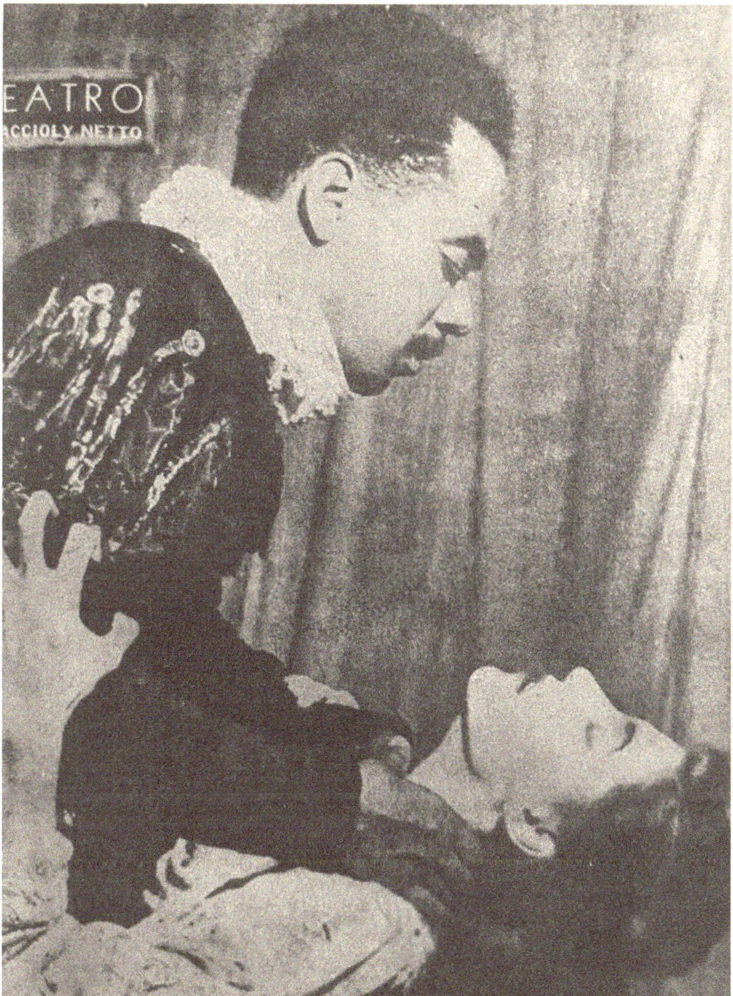

Abdias Nascimento e Cacilda Becker em Otelo, *segundo aniversário do* TEN, *Teatro Regina, Rio de Janeiro, 1946. (Acervo Ruth de Souza – Coleção* IBAC.)

de expressões alternativas, que buscam romper e/ou desviar-se das formações tradicionais de discurso e de saber, reapropriando-se de uma voz pessoal que erige um sujeito falante e não apenas dito.

O processo de desterritorialização, conforme Deleuze e Guattari, implica sempre um descentramento que maximiza o que seria ulterior, estranho e estrangeiro em uma determinada língua ou cultura. A Literatura Menor, segundo esses autores, não é, portanto, "a de uma língua menor, mas antes o que uma minoria faz em uma língua maior", que é "aí modificada por um forte coeficiente de desterritorialização"[20]. O Teatro Negro, tanto nos Estados Unidos quanto no Brasil, constitui um desses territórios culturais que descentram um modelo ficcional e, num percurso às vezes antropofágico, impõe sua singularidade como um traço positivo de reconhecimento. Nesse sentido, o Teatro Negro procura romper a cena especular do teatro convencional, não apenas dissolvendo os mitemas que moldam a imagem negativa do negro, mas, fundamentalmente, decompondo o valor de significância acoplado ao signo negro pelo imaginário ideológico coletivo, erigindo, no seu anverso, um pujante efeito de diferença.

20. G. Deleuze; F. Guattari, *Kajka: Por uma Literatura Menor*, p. 25.

2.
NEGRO QUE TE QUERO NEGRO

We are unfair, and unfair.
We are black magicians, black arts
we make in black labs of the heart.
The fair are fair, and deathly white.

The day will not save them
and we own the night.

AMIRI BARAKA[1]

A cultura negra desenha-se, no Brasil e nos Estados Unidos, por meio de uma persistente teatralidade, dramatizando, em variadas formas e atividades, a experiência do negro nas Américas. Nesse universo pleno de fusões, superposições, ambiguidades e desvios, falar de um Teatro Negro

1. Le Roi Jones: "Somos injustos e injustos. / Somos feiticeiros negros, artes negras / fazemos nos negros laboratórios do coração. / Os justos são justos e mortalmente brancos. / O dia não os salvará / e nós possuímos a noite."

demanda um duplo processo: 1. uma imersão crítica nas formas de representação próprias da cultura negra, em que se inscreve a expressão teatral em seu sentido mais amplo; 2. a incorporação dessa reflexão primeira na análise da produção teatral *stricto sensu*, em que os elementos dessas formas de expressão ganham uma sistematização cênica convencional, sem, contudo, perder sua acepção original. Para tanto, é de fundamental importância estabelecer-se uma direção metodológica que permita acoplar, na análise do objeto deste estudo, o Teatro Negro, todo o espectro da experiência teatral *lato sensu*, numa via que rompa não apenas com os limites das paredes do palco convencional, mas, sobretudo, com os critérios de leitura, interpretação e volição críticas desse teatro.

Nesse percurso, me parece adequado apropriar-me de uma importante distinção terminológica, operada por Marco de Marinis, entre os termos *dramaturgia* e *texto teatral* (*theatrical text*). Segundo esse autor, a dramaturgia pode ser definida como "o conjunto de técnicas e teorias que moldem o conjunto de signos expressivos e ações que são urdidos para criar a tessitura da performance"[2], do texto a ser representado ou em representação. O termo aponta, pois, o texto escrito, o texto literário composto segundo normas, técnicas e concepções que regem o movimento cênico, ainda como um *script*. No verso dessa concepção, está o texto/performativo, o texto/tecido da performance teatral, que já não nos indica simplesmente o texto literário, mas a representação em si, o texto por ela criado e dela abstraído, que é, então, concebido como "uma rede complexa de diferentes tipos de signos, meios de expressão ou ações", o que nos remete "à etimologia da palavra 'texto' que implica a ideia de tessitura, de algo que é entrançado"[3].

Entre o texto escrito e o texto em representação, há uma diferença essencial que se deve considerar, pois

2. M. De Marinis, Dramaturgy of the Espectator, *The Drama Review*, v. 31, n. 2, p. 100.

3. Ibidem.

o teatro, em sua acepção mais rica, só se realiza nesse segundo momento, no presente mesmo da representação. Não existe, na verdade, uma ligação absolutamente necessária e estrita entre o texto escrito e o texto teatral. Embora a dramaturgia pressuponha e vise a alcançar a representação e só tenha razão de ser em função desta, o inverso não é verdadeiro, na medida em que a representação teatral se realiza pela conjugação de diversos outros signos que não se subordinam, em termos de necessidade, ao signo linguístico enquanto escritura. Ainda que, no palco ocidental, a ligação entre o texto dramático e o texto teatral seja mais estreita, motivada pela própria noção de paternidade do texto, pela marca autoral, em outras culturas, como a africana, ou em outras manifestações teatrais do Ocidente, essa ligação rompe-se muitas vezes. A própria narrativa oral, por exemplo, pode se transformar em uma representação teatral, em um texto teatralizado que prescinde do texto escrito, substituído por um *corpus* verbal memorizado e retransmitido, através dos séculos, pela via oral. A partir dessa perspectiva, é possível falar, em um primeiro momento, de um Teatro Negro *lato sensu* que se traduz pela teatralidade da cultura negra, manifesto em vários modos expressivos que recuperam, em sua concepção, as noções primordiais do próprio termo teatro.

O Anverso da Máscara

Para falar da teatralidade da cultura negra é preciso, portanto, abordar esse texto/tecido da performance que preside as formas de expressão dessa cultura em sua variedade, sublinhando os mitemas e significantes que a constituem e evocam seu caráter de representação e ritualização, seus signos e funções constitutivos, suas marcas de diferença, sua tessitura, enfim. Essa teatralização manifesta-se com uma função marcadamente dialógica. Segundo Henry Louis Gates Jr., "a tradição afro-estadunidense é *double voiced*", ou seja, é de dupla fala, de dupla voz[4]. Tal duplicidade reflete-se não apenas na formulação de sentido, mas também na elaboração de formações discursivas e comportamentais de dupla referência, que estabelecem, em diferentes níveis, um diálogo intertextual e intercultural entre formas de expressão africanas e ocidentais. Esse artifício dialógico, traduzido na técnica de dupla voz, é inerente às mais diversas manifestações do *ethos* africano nos novos continentes. Sob esse aspecto, observa Molette:

> A experiência da escravidão demandou a criação de uma técnica de sobrevivência que deve ser apreciada se se quer compreender o desenvolvimento do teatro afro-estadunidense. Essa técnica de sobrevivência é de duplo sentido. As coisas nunca eram o que pareciam ser, quando vistas e ouvidas pelos brancos. O uso do duplo sentido era uma característica comum, utilizada pelos praticantes das primeiras formas de comunicação artística, das quais se originaram o teatro afro-estadunidense – os artistas de menestréis, os intérpretes de *spirituals*, os contadores de histórias e os pregadores.[5]

Alia-se ao jogo da duplicidade um profundo sentimento de comicidade irônica, marca recorrente na mentalidade afro-estadunidense, que traduz um modo peculiar de ver e de ser. Conjuga-se ainda, a esses elementos, uma característica estética marcante – a assimetria – metaforizada, visual e ritmicamente, no próprio andar do negro, andar que a língua inglesa traduziu como *pimping*, a *ginga* portuguesa. Essa ginga, no seu sentido literal e figurativo, expressa o caráter repetitivo da teatralização e da performance ostensiva, uma marca de singularidade da cultura negra nas Américas. Molette conclui: "A dança, a música, o teatro afro-estadunidense, seja ele secular ou religioso, e as artes visuais são todos, significativamente,

4. H.L. Gates Jr., *The Signifying Monkey*, p. 23.
5. C.W. Molette; B.J. Molette, *Black Theatre: Premise and Presentation*, p. 33.

influenciados pelos mesmos fatores culturais que criaram o estilo de comportamento conhecido como *pimping*."[6]

Muniz Sodré recaptura muito bem esses traços, ao analisar a cultura negra no Brasil, sublinhando a presença imanente de um jogo duplo significante na formação social brasileira. Nos espaços permitidos pelos brancos, nos vazios considerados inofensivos pelo sistema escravocrata, "os negros reviviam clandestinamente os ritos, cultuavam deuses e retomavam a linha do relacionamento comunitário", numa estratégia africana de "jogar com as ambiguidades do sistema, de agir nos interstícios da coerência ideológica"[7]. Sodré argumenta, ainda, que a reposição da cultura africana no Brasil emerge de alterações provenientes das relações dialógicas que se estabelecem entre culturas negras distintas e entre negros, brancos e mulatos. Nesse espaço de reposição e jogo, o autor assinala vários traços significativos, entre eles:

> 1. A originalidade negra consiste em ter vivido uma estrutura dupla, em ter jogado com as ambiguidades do poder e, assim, podido implantar instituições paralelas.
> 2. No interior da formação social brasileira, o *continuum* africano gerou uma descontinuidade cultural em face da ideologia do Ocidente, uma heterogeneidade atuante.[8]

Mantendo intactas "formas essenciais de diferença simbólica", a cultura negra, segundo Sodré, "é uma cultura das aparências", que se realiza em torno de duas dimensões fundamentais: o segredo e a luta. A aparência traduz, pois, um modo de "relacionamento com o real", que difere da busca ocidental de uma verdade "universal e profunda":

> Claro, as aparências enganam, como atesta o provérbio. Mas só o fazem porque têm o vigor de aparecer, a força de dissimulação e de ilusão, que é um dos muitos caminhos em que se desloca o ser

6. Ibidem, p. 46-47.
7. M. Sodré, *A Verdade Seduzida*, p. 124.
8. Ibidem, p. 133.

humano. Aparência não implicará aqui, entretanto, em facilidade ou na simples aparência que uma coisa dá. O termo valerá como indicação da possibilidade de uma outra perspectiva de cultura, de uma recusa do valor universalista de verdade que o Ocidente atribui a seu modo de relacionamento com o real, a seus regimes de veridicção...[9]

O código da duplicidade instaura o jogo da aparência e da representação, que é também o jogo do olhar, da ironia, da sedução, o jogo do andar e dos sentidos na tradução da diferença, em que não se cristalizam verdades absolutas, mas, sim, "práticas de fala, jogos discursivos, espaços ritualísticos de linguagem"[10]. E é nos interstícios desses lugares e na textura dessa linguagem que se inscrevem os efeitos de diferença da teatralidade negra, tecida por uma representação e uma reapresentação coletivas, que repõem, reapropriam e reatualizam o *ethos* africano nos novos espaços. O processo de dupla fala encontra uma imagem que o sintetiza, Èsù, orixá que preservou seu nome próprio, no exercício de renomeação dos deuses africanos efetuado pelo sistema político-religioso das Américas. Èsù simboliza um princípio estrutural significante da cultura negra, um operador semântico da alteridade africana na sua interseção cultural nos Novos Mundos. Senhor das encruzilhadas e, principalmente, da encruzilhada dos sentidos e dos discursos, ele é um *trickster*, uma instância de mediação e significação através da qual a mitologia iorubá desliza pela religião cristã, mantendo uma enunciação diferenciada e descentralizadora.

Èsù é um princípio dinâmico de individualização e, simultaneamente, de comunicação e interpretação. Seu caráter de ambivalência, multiplicidade, e sua função, no panteão dos orixás, como elemento de mediação entre os universos humano e divino e como instância propulsora e promulgadora de interpretação fazem dele um *topos*

9. Ibidem, p. 135-136.
10. Ibidem, p. 179.

discursivo e figurativo que intervém na formulação de sentido da cultura negra. Ele detém o saber que permite decifrar as tábuas de adivinhação de Ifá. Èsù é jogo, é signo, é estrutura. Esse orixá metaforiza a própria encruzilhada semiótica das culturas negras nas Américas, sendo um princípio dialógico e mediador entre os mitemas do Ocidente e da África. Henry Louis Gates Jr. assinala que a imagem de Èsù pode ser usada como metáfora para a atividade crítica da interpretação, na medida em que, em si mesma, sua figura, no panteão iorubá e afro-americano, representa um eixo de indeterminação e interpretação[11]. O autor associa-o, então, ao *signifying monkey* das narrativas orais dos negros estadunidenses, que, como Èsù, existe "no discurso da mitologia não apenas como uma personagem em uma narrativa, mas principalmente como um veículo da própria narrativa"[12]. Sendo veículo do processo de instauração de sentido, Èsù estrutura a enunciação própria do negro nas Américas. Sua natureza histriônica permite-lhe operar várias metamorfoses, sem, contudo, deixar de ser ele mesmo, sem perder sua originalidade. Essa característica metamórfica, essa ginga (o mancar de Èsù), é um elemento essencial na arte de teatralizar do negro. Èsù simboliza, assim, um mitema retórico, religioso e dramático, no qual se apoiam algumas formas próprias da cultura negra, na encruzilhada mesma dos discursos que essa cultura opera.

Outros signos da teatralidade e da teatralização cotidiana do negro brasileiro estampam-se em todos os rituais religiosos de origem africana, nos congados e reinados, nos desfiles e organizações tradicionais do carnaval negro, nas danças, nos jogos verbais e corporais e em variadas outras formas de expressão eminentemente orais, em que se aglutinam os elementos basilares de um Teatro Negro popular de ascendência africana.

11. H.L. Gates Jr., *Figures in Black*, p. 49.
12. Ibidem, p. 238.

Roger Bastide apontou como "teatro em potencial" algumas dessas formas de expressão, entre elas o *samba rural* e o *candomblé*. No primeiro, destacou a criação de um "código da ambiguidade", que o torna um "teatro do segredo":

> O samba rural [...] apresenta-se como um enigma proposto ao coro e que o corifeu deve resolver. O branco assiste a esse jogo, mas é aqui mero espectador, sem compreender o sentido do enigma, sentido que é dirigido contra ele. O que faz a beleza desse espetáculo é o gênio inventivo do africano, sua capacidade de criar um código que chamarei de código da ambiguidade, já que o branco não chega a descobrir o verdadeiro significado dos símbolos apresentados, e sua inteligência é sempre levada a seguir uma pista falsa.[13]

Assim concebido, o samba rural nos apresenta um exemplo marcante dessa dupla fala, desse jogo de aparências que ilude no exercício lúdico do despiste e do engano. Como tal, ele remete à estratégia de *double-meaning* dos *spirituals* cantados pelos escravos estadunidenses, estratégia que se reencontra em inúmeros outros momentos.

No *candomblé*, Bastide aponta a catarse como um elemento resultante da dramatização coletiva, que reatualiza a experiência racial, passível de recuperação através do ritual religioso. Pode-se ver no *candomblé*, entretanto, muito mais que um efeito catártico, na medida em que os ritos religiosos afros constituem um dos melhores modelos dessa técnica e/ou estratégia simbólica de ambiguidade e dupla fala, através da qual o negro funda os bolsões culturais de sua diferença.

Todos os rituais religiosos afro-brasileiros operam um elenco de signos cênicos – plásticos, rítmicos, de movimento, gestos e cor – que, aliados ao caráter metamórfico e invocativo das funções rituais, lhes empresta uma tessitura dramática de profundo apelo comunitário,

13. R. Bastide, Sociologia do Teatro Brasileiro, *Sociologia*, p. 178.

em muito similar aos dramas-rituais africanos, sua origem mais remota. Na performance dos ritos, impera o mesmo código de ambiguidade, o mesmo padrão duplo de significância que deriva não apenas de um jogo de significados, mas, fundamentalmente, do jogo deslizante dos significantes. Como expressão do sincretismo religioso, ou como justaposição de dois mitos religiosos distintos, o cristão e o iorubá, nos rituais afro-brasileiros se processa o fenômeno de um código histriônico, de uma dupla fala sintagmática: por trás do apelido cristão e da máscara católica, os signos africanos preservam seu valor conceitual primitivo e os orixás exibem, teatralmente, seus nomes e funções originais, presidindo os cultos a eles consagrados. Essa estratégia de duplicidade cênica e semântica movimenta o jogo ritualístico das aparências, permitindo à cultura religiosa africana resistir à violência da assimilação compulsória dos mitemas religiosos ocidentais, constituindo um *entrelugar* que marca a diferença negra e preserva sua alteridade. Os terreiros demarcam, assim, um espaço de cruzamento dialógico não linear, o *entrelugar* da ilusão semiótica.

Os *congados* ou *reinados* representam uma outra forma de expressão cultural assentada na teatralização. Também eles se fundam em uma estrutura de dupla fala e de significado mascarado, como uma encruzilhada de significantes que manifesta, dramaticamente, o mesmo processo de jogo e aparência que já assinalei. Os congados são festivais consagrados a Nossa Senhora do Rosário, a Santa Efigênia e a São Benedito. Os santos celebrados são católicos. Assim, na superfície, a celebração é cristã; entretanto, na estrutura latente das cerimônias e da organização ritual, predominam padrões de expressão africanos ou afro-brasileiros. O ritmo da percussão, a coreografia das danças, as vestimentas e adereços dos grupos, a técnica coral e, mesmo, as letras das músicas e cantos, que, em alguns casos, são uma mistura de antigas línguas africanas e do português, criam um evento dramático que reatualiza formas tradicionais de reuniões e celebrações, revivendo modelos de teatralização de rituais africanos.

Durante as celebrações, reis e rainhas negros são coroados num cenário de desterritorialização social e política. São eles os líderes simbólicos dos festivais, numa estrutura de poder embasada em funções hierárquicas. Como uma forma de organização social distintiva, os congados podem ser vistos como um microssistema que opera nos interstícios do macrossistema, dramatizando uma forma de organização coletiva diversa. No discurso teatralizado dos congadeiros, a palavra expressa tem o mesmo valor de magia e metáfora que se encontra no candomblé, e todos os seus signos constitutivos representam uma verdadeira manifestação de resistência cultural e alteridade teatral. Em cada encruzilhada que encontram, os congadeiros viram-se de costas e assim caminham até atravessá-la. A encruzilhada, lugar de interseções, tem um senhor, e esse sinal dos congadeiros convida a refocalizar nosso olhar ao interpretar a cerimônia do congado, pois, no anverso da máscara, em suas costas, é que o signo significa e celebra.

Fora do universo mítico-religioso, destacam-se outras formas de teatralização, entre as quais o carnaval negro, em sua realização mais tradicional. Aí, o transvestimento ritual responde a um imaginário predominantemente lúdico, que canta a pujança do corpo no ritmo da desrealização carnavalesca. No carnaval negro, conforme Sodré, o júbilo e o prazer prescindem da "hipótese da liberação, porque advêm da experiência instantânea, singular, de se exterminar, no jogo, a verdade que se quer absoluta, advêm da abolição de sentido"[14].

Nessas e em outras manifestações culturais negras, prevalecem alguns substratos das culturas africanas transplantadas para o Brasil, reproduzindo-se um modo de apreensão e domínio da realidade em que o evento social

14. M. Sodré, op. cit., p. 174-175.

e a prática ritualística adquirem a forma de uma teatralização espontânea de largo apelo comunitário. Marie-Josè Hourantier afirma que, nas atividades e comportamentos coletivos africanos, sempre predominaram elementos da teatralidade que sugerem uma continuidade entre as cerimônias social e dramática, ambas evocadas e cumpridas sob o signo do ritual: "Todas as grandes etapas ou grandes acidentes da existência assumem, na África, uma forma expressiva, mimética e lúdica; essas cerimônias catárticas e terapêuticas, que se esforçam por conferir um sentido à desordem, socializando-a, são, em princípio, a celebração de um ritual dramatizado e simbolizado, que se desenvolve nos limites do teatro."[15]

Esse sentido mimético e lúdico, ancorado em variados signos teatrais e na estratégia da duplicidade daí derivada, embasa a estrutura cênico-dramática de muitas formas de asserção da cultura negra. Em suas expressões, fundem-se os limites da representação e da dramaticidade de um teatro popular, urdido pela via da simbolização coletiva, que reatualiza a herança africana em seu diálogo com o universo ocidental, cruzados ambos sob os signos do ritual e do jogo.

Nos Estados Unidos, essa tradição faz-se presente, por exemplo, nos *spirituals*, na performance dos contadores de histórias, nas narrativas orais, como as do *signifying monkey*, no jogo dos *dozens*, nos *menestréis* e nos serviços religiosos das igrejas negras.

Os *spirituals* são modelos de uma expressão musical teatralizada, na qual sobrevivem padrões sonoros e imagísticos africanos, reatualizados numa inovadora linguagem rítmica. Mais que hinos religiosos, eles constituíam canções de protesto e código secreto, verdadeiros sinais para os escravos que fugiam das plantações, anunciando, em sua composição discursiva, o dia propício para o escape. A polissemia desses cânticos traduz-se no que

15. M.-J. Hourantier, *Du Rituel ait théatre-rituel*, p. 23.

alguns críticos denominam de *signifying pattern* ou *double meaning* – modos de expressão de dupla significância, através dos quais os escravos conseguiam, teatralmente, iludir o branco. Sua estrutura organizava-se em torno de uma representação engendrada pelo estratagema do mascaramento, que envolvia e iludia o espectador branco, ludibriado por um código secreto. Da varanda da casa grande, o fazendeiro ouvia o canto dos escravos que trabalhavam nos campos. Um grupo entoava:

> Steal away, steal away, steal away to Jesus,
> Steal away, steal away, steal away home,
> I ain't got long to stay here!

Um outro grupo respondia:

> Swing low, sweet charriot,
> Coming for to carry me home.
>
> I looked over Jordan and what did I see,
> Coming for to carry me home,
> A band of angels coming after me,
> Coming for to carry me home![16]

O branco não decodificava, no diálogo dos escravos, o substrato mascarado pela referência bíblica, através do qual se revelava que, naquela noite, havia condições propícias para a fuga, metaforizada em expressões como *steal away* (escape), *sweet chariot*, alusão a um possível meio de fuga, *Jesus* e *Jordan*, referências à liberdade desejada. Nos *spirituals* cantados pelos escravos havia, portanto, o acoplamento de uma referência concreta (por exemplo, noite de fuga), sobrepondo-se a uma mensagem supostamente religiosa, utilizada como uma alegoria que camuflava a função prática da execução musical.

16. Apud L. Mitchell, op. cit., p. 28: "Fuja, fuja, fuja para Jesus, / fuja, fuja, fuja de casa, / Eu não tenho muito tempo para ficar aqui" e "Desça, doce carruagem / Vindo para me levar pra casa / Eu olhei por cima do rio Jordão / E o que foi que eu vi / Vindo para me levar para casa /Um bando de anjos vindo atrás de mim /Vindo para me levar para casa."

Esse recurso de representação torna-se mais evidente nos shows de menestréis, surgidos, possivelmente, nas grandes plantações do Sul. Segundo Mitchell[17], esses shows apresentavam uma forma estrutural definida, caracterizando-se como um espetáculo cômico, no qual se destacavam duas figuras mestras: Mr. Bonés e Mr. Tambo. O primeiro utilizava-se de um instrumento feito de ossos, uma espécie de castanholas, enquanto o segundo tocava tamborim. Na estrutura circular da cenografia dos espetáculos, um grupo de homens, todos bem caracterizados por uma indumentária própria, apresentava-se com suas faces negras ainda mais empretecidas por uma tintura especial. Eles se sentavam em um semicírculo, no centro do qual se postava o mestre de cerimônias, encarregado de introduzir os motes e as piadas que os comediantes replicavam. Do outro lado, alinhavam-se, na mesma disposição, os cantores, dançarinos e outros integrantes do show. Na extremidade de cada semicírculo, situavam-se Mr. Bonés e Mr. Tambo, os cômicos líderes. Havia sempre uma banda musical que integrava o espetáculo.

Nos shows de menestréis, ressaltavam-se sua natureza farsesca e seu sentido cômico. Através deles, os negros carnavalizavam o sistema escravista e as relações sociais, parodiando a sociedade branca, expondo suas mazelas, estigmas e limitações. Ironizavam o *modus vivendi* e a ignorância dos *senhores* e riam, burlescamente, do próprio negro, de seus trejeitos e maneirismos, de forma lúdica e catártica. O uso da tintura, como uma máscara, introduzia um elemento formal significante, em um processo de transvestimento que virava pelo avesso as noções preconcebidas sobre o negro e sua capacidade de simbolização do real. A máscara funcionava como um signo eficaz de desvestimento e revestimento simultâneos, que abria um espaço-limite, um lugar permissível para a articulação de um código desconstrutor, que reorganizava, pela via irônica

17. L. Mitchell, op. cit., p. 30.

e cômica, as posições de domínio do sistema escravista. A máscara, em síntese, propiciava a liberdade de expressão e a enunciação de um discurso autorreflexivo. Essa estratégia primava pela desrealização do sentido e pela inversão dos paradigmas, na medida em que encobria o escravo e liberava o negro. No avesso da máscara, o negro assumia uma face própria. A máscara, portanto, encobria e revelava, como um artifício de duplicidade que tornava possível a sobrevivência do sujeito e a explosão de sua fala. O negro pintado de negro expunha, assim, no anverso da identidade forjada pela escravidão, virando pelo avesso, no intervalo do riso, o sistema no qual se cruzavam brancos e negros e a própria relação dominador/dominado que o sustentava.

Em fins do século XVIII, em um movimento de apropriação formal e investimento ideológico, atores brancos passaram a representar, comercialmente, os espetáculos de menestréis, pintando-se de preto e imitando o que já era em si uma imitação. O show dos brancos encontrou uma grande receptividade entre as plateias, também brancas, transformando uma forma originariamente lúdica e catártica em um veículo de fixação e disseminação de alguns estereótipos do negro. Entre estes, destaca-se o *Jimcrow*, um tipo de negro "preguiçoso, imprevidente, que falava alto, mal vestido, de cabelos muito crespos e lábios grossos, viciado em comer melancias, galinhas" e um inveterado bebedor de gim[18].

Nesses shows, a forma burlesca cede lugar à fantasia grotesca e a máscara negra cumpre a função simbólica de uma hipérbole caricatural. Excluído, enquanto partícipe ativo, da forma artística que engendrara, o negro só reaparece nos espetáculos comerciais de menestréis após a Guerra Civil, em um remascaramento que obliqua a concepção original, já que, agora, perdido o sentido burlesco dos espetáculos tradicionais, o próprio negro passa a reproduzir a caricatura de negro veiculada pelo branco:

18. Ibidem, p. 31-32.

"Teatralmente, o mais significativo desenvolvimento que se segue à Guerra Civil é a aparição do negro como *entertainer*. Ele se reintegrou na tradição do menestrel: e, nas palavras de James Weldon Johnson, ele se tornou a 'caricatura de uma caricatura', pois, também, pintava sua face e imitava os brancos que imitavam os negros."[19]

Pode-se assinalar, no Brasil, um movimento similar de apropriação formal no que ocorre nos desfiles atuais das escolas de samba. Nestes, o negro, gradativamente, vem sendo ofuscado, na medida em que os desfiles se descaracterizam como uma forma lúdica despojada de sentido e se transformam em um tipo de diversão e transação promocionais, no qual a coreografia do ritual, aos poucos, se torna uma coreografia comercial.

Entre tantas outras formas de expressão teatral do negro estadunidense, destacam-se, também, o serviço religioso das igrejas negras e a performance de seus pregadores. A estrutura da cerimônia religiosa dessas igrejas assenta-se numa premissa fundamentalmente cênico-dramática, que une a comunidade em um evento de extraordinário efeito socializador e catártico. Nas cerimônias, o ritmo da fala do sacerdote ou pastor, o canto invocativo e apelativo dos corais, a resposta gestual e vocativa dos fiéis criam uma atmosfera de comunhão ritual e de participação ativa. Esta é evocada, principalmente, pela fala teatralizada do pastor, cuja função se assemelha à de um corifeu, que celebra e reafirma um sentimento coletivo de complementaridade. Segundo Molette, o tema e o enredo tratados pelo pregador tornam-se secundários para o valor do sermão, eclipsados pelo ritmo que domina os modos de execução da fala, da música e do movimento do pastor e dos fiéis[20]. O mais importante é a maneira pela qual a apresentação do sermão se realiza e a capacidade do pastor em conjugar todos os elementos

19. Ibidem, p. 40.
20. C.W. Molette; B.J. Molette, op. cit., p. 81-82.

na criação de uma atmosfera que propicia a efusão do apelo e da mensagem.

Em todas essas expressões teatralizadas da cultura negra – no Brasil e nos Estados Unidos –, podem ser sublinhados alguns elementos sinalizadores da singularidade afro-americana, que se harmonizam numa sintaxe diferenciadora. Destacam-se: a duplicidade cênico-semântica gerada por uma rede de significantes que articula a ilusão do jogo e da aparência; a concepção metafórica e mágica da linguagem, por meio da qual a palavra desliza por variados significados, recusando ancorar-se em qualquer valor absoluto e emblemático; o caráter de motivação coletiva, que se propõe celebrar o sentido de uma complementaridade comunitária; a função burlesca da ironia que, no jogo das máscaras, carnavaliza o valor universal das noções raciais tipológicas; a harmonização dos signos cênicos num cenário espontâneo e dialógico, que prima pela desrealização do sentido; a função ritualística dos eventos ou celebrações, em que se estreitam os limites das cerimônias social e dramática.

Aí, nesses lugares de cruzamentos, desvios e fusões, o Teatro Negro se tece em uma performance que não se separa do cotidiano, mas que a ele se alia na apreensão mesma da realidade. A partir dessa teatralidade, dos seus signos constitutivos e de reconhecimento, pode-se repensar o sentido de um teatro que não se subordina ao texto dramático convencional e, acima de tudo, é possível se rever a percepção do próprio texto dramático, que se destina à representação em um palco convencional. Pensar um Teatro Negro, em uma acepção estrita, demanda, portanto, a compreensão e o reconhecimento desse arcabouço teatral que funda a própria experiência expressiva do negro, sem reduzi-lo a um agrupamento de textos elaborados por escritores negros ou reunidos por uma temática racial. O que seduz minha atenção está inscrito, fundamentalmente, na rede de relações semióticas que se pode abstrair desses textos, na medida em que instituem uma diferença urdida pela sua formação e formulação discursivas.

O termo Teatro Negro, agora evocado *stricto sensu*, não define, pois, uma cor, uma substância, mas uma teia de relações. Nessa expressão, o negro – a negrura – não é pensado como um *topos* detentor de um sentido metafísico ou ontológico, não é uma fronteira, mas uma noção figurativa. Afinal, como alerta Gates, a negrura (*blackness*) "não é um objeto material, um absoluto, ou um evento, mas um *tropo*; ela não tem uma 'essência' como tal, mas é antes definida pela rede de relações" que a instauram esteticamente[21]. Ela se torna, então, um conceito semiótico. O estudo do Teatro Negro impõe, assim, a familiarização da crítica com a natureza das formas de expressão e com o feixe de relações semióticas e, portanto, discursivas da cultura negra, fomentadoras que são da particularidade estética e expressiva desse teatro. Na articulação das metáforas e estratégias figurativas da tradição teatral negra com o universo teórico com o qual já estamos familiarizados, podemos prolongar o dialogismo que essa cultura intrinsecamente opera, sem nos deixar capturar pelas noções etnocêntricas de uma universalidade que, muitas vezes, discrimina, sem conseguir discernir. Afinal, como ainda adverte Gates, "à noite todos os gatos são pardos, mas não para os outros gatos"[22].

Assim pensando, com o olhar do gato que não confunde a noite com sua escuridão, pretendo me deter nos efeitos de diferença de uma dramaturgia que, tanto no Brasil quanto nos Estados Unidos, procura erigir-se como traço de uma fala distintiva, assinalando, nos seus signos constitutivos, os elementos cênico-dramáticos que os aproximam e/ou distanciam.

Uma primeira possibilidade de caracterização do Teatro Negro *stricto sensu* pode ser abstraída da própria

21. H.L. Gates Jr., *Figures in Black*, p. 40.
22. Ibidem, p. 41.

história desse teatro, nas vozes que o têm presentificado, nos espelhos em que ele procura se definir. Essa tentativa de autodefinição às vezes antecede a elaboração de uma dramaturgia específica e se traduz na atitude de apropriação e reelaboração de peças já consagradas pela tradição europeia. Reencenados em casas teatrais à margem dos circuitos comerciais, muitos textos eram recriados em montagens que primavam por uma tradução que os inseria na linguagem cênica da tradição teatral negra.

Essa transcriação era marca, por exemplo, do African Grove Theatre, primeira companhia de Teatro Negro dos Estados Unidos, fundada em Nova York, em 1821, por Mr. Brown, cujo prenome até hoje se ignora. Ali, as adaptações de Shakespeare levavam o público negro ao delírio, provocando o desconforto da crítica especializada, incomodada pela liberdade formal com que Mr. Brown se apropriava dos textos canônicos e os fazia representar por atores negros, entre os quais destacavam-se James Hawlet e Ira Aldridge. Este último imigrou para a Inglaterra, em 1824, onde se tornou um dos mais consagrados intérpretes de Shakespeare.

Em 1823, Mr. Brown escreveu e montou a peça *The Drama of King Shotaway* (O Drama do Rei Shotaway), inspirada em um herói da revolução haitiana, inaugurando a dramaturgia escrita por negros nos Estados Unidos. O sucesso da montagem e a mensagem pró-insurreição do drama, possivelmente determinaram o acirramento das hostilidades contra a companhia de negros. O teatro, que já fora incendiado várias vezes, com a subsequente prisão imotivada dos atores, foi destruído naquele mesmo ano.

Em 1858, William Wells Brown, um ex-escravo, escreve a peça *Escape, or a Leap for Freedom* (A Fuga, ou Um Salto Para a Liberdade), que, apesar de não ter sido encenada, assinala uma segunda tentativa de criação de uma dramaturgia do negro, o que só irá concretizar-se nas décadas seguintes. O surgimento de casas de teatro, no Harlem, bairro negro de Nova York – The Crescent, em 1909, The

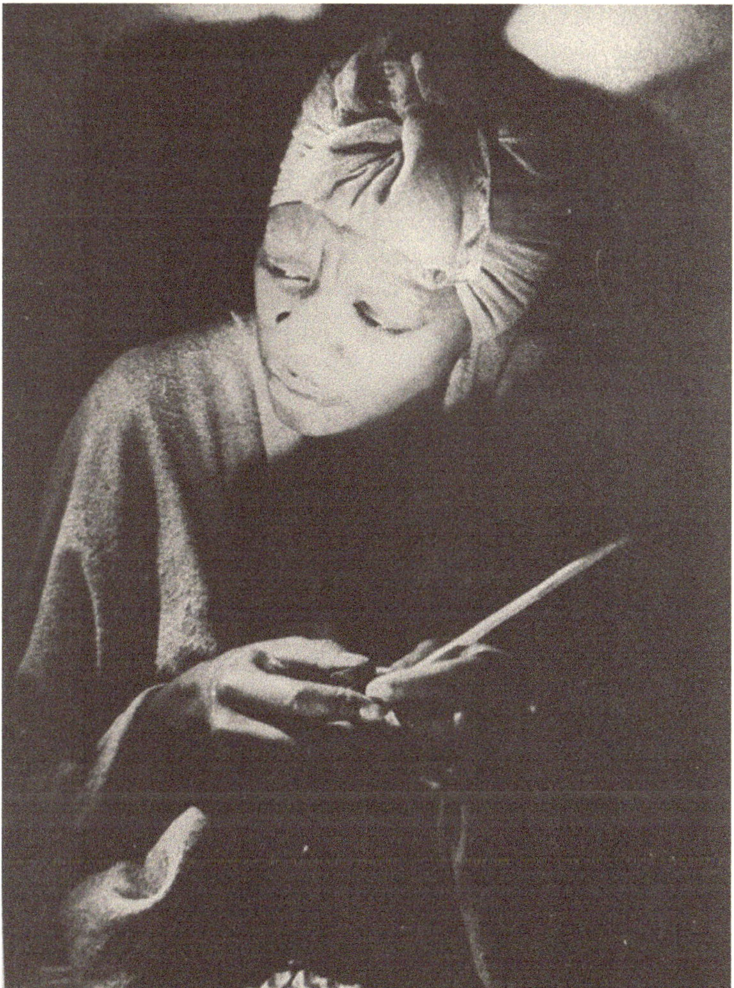

Ruth de Souza em O Moleque Sonhador, *segundo aniversário do* TEN, *Rio de Janeiro, 1946 (Acervo Ruth de Souza – Coleção* IBAC*).*

Lafayette Theatre, em 1912, e The Lafayette Players, em 1919 –, será decisivo para fomentar o incipiente Teatro Negro dessa cidade, estimulando uma dramaturgia também emergente. Várias peças são escritas e encenadas então, reelaborando-se no palco a experiência do negro estadunidense. Destacam-se, entre elas, *Caleb, the Degenerate*, (Caleb, o Degenerado), de Josep Cotler, *Rachel*, de Angeline Grinke, *Mine Eyes Have Seen* (Meus Olhos Viram), de Alice Dunbar Nelson e *They That Sit in Darkness* (Os Que se Sentam na Escuridão), de Mary Burril.

Nesse percurso, os anos 1920 marcam uma era sem precedentes nas atividades artísticas e intelectuais da comunidade negra de Nova York. No período denominado de Harlem Renaissance, a voz do negro far-se-á ouvir em várias direções, com Langston Hughes, na poesia, Zora Neal Houston, na ficção, folclore e antropologia, W.E.B. Dubois, na Sociologia e Marcus Garvey, no pensamento nacionalista. Na atividade teatral, ressalta-se a preocupação dos autores em desmitificar as imagens negativas do negro, sublinhando, em seus textos, motivos de protesto contra a situação marginal dessa minoria na sociedade estadunidense. Além do sucesso das revistas musicais, como *Shuffle Along* (Dance o Shuffle), aplaudida pelo público e pela crítica em 1921, destacam-se os dramas convencionais, entre eles *Appearances* (Aparições), de Garland Anderson, *For Unborn Children* (Para as Crianças Não Nascidas), de Myrtle Smith Livingston, *Balo*, de Jean Toomer, *Flight of the Natives* (Voo dos Nativos), de Willis Richardson, *Graven Images* (Imagens Esculpidas), de May Miller e *In Abraham's Bosom*, (No Seio de Abraão), de Paul Green, vencedor do prêmio Pulitzer de 1925.

É significativa, na época, a ação das organizações de direitos civis, como The National Association for the Advancement of Colored People (NAACP, A Associação Nacional Para o Progresso das Pessoas de Cor), que vão definir o dramaturgo negro como "um destruidor das imagens negativas de negros, propagadas pelos veículos de entretenimento e pela mídia"[23]. Muitas peças irão se fixar em personagens negras cultas e bem-sucedidas, para eclipsar os estereótipos explorados comercialmente. O desejo de desfigurar os conceitos de negro veiculados pela tradição teatral estadunidense e o apelo do sucesso comercial, subordinado, em muito, a esses conceitos, constituem alguns dos conflitos enfrentados pelos dramaturgos negros da época.

Em um texto seminal, publicado pela revista *Crisis*, em 1926, W.E.B. Dubois, consciente desses e de outros problemas, elabora as bases teóricas segundo as quais acreditava ser possível a sobrevivência de um Teatro Negro. O autor firma suas asserções em quatro princípios básicos: a assinatura do texto dramático, sua finalidade, seu público alvo e a demarcação de um território preferencial:

> As peças de um teatro realmente negro devem ser: 1. *Sobre nós*. Isto é, elas devem ter enredos que revelem a vida dos negros como realmente é. 2. *Por nós*. Isto é, elas devem ser escritas por autores negros que entendam, de nascimento e contínua associação, o que significa ser um negro hoje. 3. *Para nós*. O teatro deve dirigir-se primordialmente às plateias negras, sendo apoiado e mantido para seu entretenimento e aprovação. 4. *Perto de nós*. O teatro deve localizar-se num subúrbio negro, próximo à massa de pessoas comuns.[24]

Apesar de moldar seu pensamento numa concepção etnocêntrica, que não prioriza, de imediato, os elementos formais que geram a peculiaridade desse teatro, Dubois deixa inferir essa singularidade. Ele aponta o elemento negro e sua comunidade como os signos privilegiados que internamente, no corpo do texto, e externamente, em sua inserção coletiva, deviam moldar e erigir a elaboração cênico-dramática de uma atividade ainda emergente.

Nas décadas seguintes, apesar das dificuldades financeiras e comerciais, as noções de Dubois e de outros ideólogos serão recriadas e/ou reelaboradas na estrutura dos textos

23. M. Williams, *Black Theatre in the 1960's and 1970's*, p. 110.
24. W.E.B. Dubois, Krigwa Players Little Negro Theatre, *Crisis*, v. 32, n. 3, p. 134.

produzidos pelos negros. Neles, procura-se reeditar a experiência negra como um signo dramático motivador de variados significados. As companhias e organizações de fomento à atividade teatral continuam desempenhando um papel propulsor nesse percurso de contínua construção e reconstrução artísticas. Salientam-se, entre eles, The Federal Theatre Project, The Harlem Suitcase, The Negro People's Theatre e The Rose McClendon Players, todas nos anos 1930. Escritores como Hall Johnson, Langston Hughes, Theodore Ward, Owen Dodson, Theodore Browne, Richard Wright, Abram Hill mantêm o fôlego da atividade teatral. Esta, pela via realista, alegórica ou musical, constrói formas de desterritorialização e descentramento no universo teatral estadunidense, ora focalizando a tradição cultural dos negros, ora expondo as sequelas do regime de *apartheid*. Todas procuram articular a experiência estética e existencial do negro na construção de uma fala alternativa.

Essa dramaturgia irá representar, a partir dos anos 1950, uma das estratégias políticas mais eficazes no movimento contraideológico de conscientização e mobilização efetiva do negro, em sua luta pelos direitos humanos e civis, que, até então, lhes eram restringidos. Intolerância explícita, desobediência civil, provocação, protesto e denúncia serão alguns dos motivos explorados pelo Teatro Negro da época:

> Os anos 1950 foram uma era sem precedentes na unidade e não tolerância dos negros. Enquanto a desobediência civil era a tática aceita pela maioria dos ativistas, estratégias mais agressivas e violentas eram advocadas por dissidentes menos moderados, assim como debatidas com vigor na literatura e no drama. De um lado, estavam dramaturgos como Hansberry, reclamando que o sonho estadunidense já há muito tempo era negado aos negros; outros arguiam que talvez este sonho não valesse o sacrifício feito pelos negros em duas guerras mundiais.[25]

A década que viu surgir líderes, cujas estratégias se opunham na busca de um ideal similar – como Malcom x e

25. M. Williams, op. cit., p. 112-113.

Martin Luther King, por exemplo –, viu crescer, simultaneamente, o acirramento do debate político e ideológico, do protesto e da denúncia. Esses eram articulados, figurativamente, na representação de determinados textos – *A Medal for Willie* (Uma Medalha Para Willie), de William Branch; *Trouble in Mind* (Mente Perturbada), de Alice Childress; *A Land Beyond the River* (Uma Terra Além do Rio), de Loften Mitchell; *Take a Giant Step* (Dê um Passo de Gigante), de Louis Peterson; *In Splendid Error* (Em Erro Esplêndido), de William Branch; *The Amen Corner* (O Recanto do Amém), de James Baldwin; e a seminal *A Raisin in the Sun* (no Brasil, O Sol Tornará a Brilhar), de Lorraine Hansbeny, primeira dramaturga negra e a mais jovem escritora a receber o prêmio New York Drama Critics Circle Award, pela melhor peça do ano.

Os conflitos de uma família negra pobre, entre o ideal de perseguir o sonho estadunidense de sucesso e os valores da tradição afro-estadunidense, bem como o confronto dialético entre dois modos distintos de domínio e apreensão da realidade, articulados por Hansbeny em *A Raisin in the Sun*, cativaram o público e a crítica de modo sem precedentes, em 1959. Considerada por muitos como o *turning point* na dramaturgia e teatro negros estadunidenses, essa peça fixa definitivamente um território expressivo e dramático, exercendo uma influência relevante no Teatro Negro dos anos posteriores.

A luta pelos direitos civis, já antecipada por Hansbeny, e a ascensão do Black Power Moviment delineiam, de fato, a insurreição dos anos 1960. Rebelião nos guetos, revoltas, boicotes, marchas de protesto, ações nos tribunais, apelos no Congresso são algumas das estratégias utilizadas pelo amplo movimento de contestação e demanda dos negros, aliadas a um profundo sentimento nacional de insatisfação pela Guerra do Vietnã. Muitas das ações empreendidas pelos negros serão violentamente reprimidas pelo aparato político e policial do sistema e por grupos reacionários, como o Ku Klux Klan, acarretando a prisão indiscriminada, o assassinato de líderes ativistas e de jovens e crianças, o bombardeio de igrejas e escolas. Aos ideais pacifistas de Luther King, justapõe-se, então, a ação militante de Malcom X e de grupos mais radicais, como os Panteras Negras. No circuito artístico, o tom engajado vem do racionalismo ideológico de Ron Karenga e das concepções do Black Arts Moviment. O Teatro Negro, assim como a literatura e as artes em geral, vincula-se, ostensivamente, ao movimento nacional pelos direitos civis, com um caráter de contestação e demanda, cujos limites transcendem o que, até então, havia sido realizado pelo teatro mais tradicional.

Segundo Mance Williams, o desenvolvimento da consciência do negro nos Estados Unidos passa por quatro estágios, que não estão, necessariamente, separados: acusação e condenação; conscientização e aceitação; comprometimento; ação. No teatro dos anos 1960 e em parte dos anos 1970, predominam o comprometimento e a ação engajada, sublimando-se, na atividade teatral, um apelo simbólico que visa a uma reação popular de fato[26]. Esse teatro não busca atingir a consciência do negro; em muitos casos, almeja ser essa própria consciência. Seus objetivos, mapeados em manifestos, artigos e nas próprias peças, apontam para, pelo menos, duas direções: o fomento da insurreição – principalmente no chamado Revolutionary Theatre – e a tentativa de erradicação das imagens totêmicas veiculadas pelo aparato literário e propagandístico racista, com sua substituição por uma *imago* mais positiva e nova[27].

Nesse teatro, ressalta-se a constatação de que a imagem é um signo que, por sua natureza simbólica, delimita e faz circular um discurso de saber e de poder, portador de certas *verdades* que sustentam a existência do grupo dominante. O Teatro Negro dos anos 1960 vai se impor como uma prática de engendramento de falas, um lugar de usurpação e reelaboração de saberes, que pretende substituir,

26. Ibidem, p. 6.
27. Ibidem, p. 16-17.

desconstruir e desmitificar a rede semiótica de geração e circulação do signo, do *status quo*, erigindo, no universo de representação, novas possibilidades de tabulação e construção cênica. As noções mais usuais de verdade sobre os negros serão confrontadas, por oposição, justaposição ou contraponto, com outros saberes, com outras práticas de dramatização do real, com outros jogos de linguagem.

O comprometimento dos artistas com as aspirações da população negra será articulado na elaboração de uma estética que privilegia, naquele momento, uma função política. Segundo Ron Karenga, a arte negra, em todas as suas manifestações, devia promover a liberação do povo, sendo suas metas principais "expor o inimigo, celebrar o povo e dar suporte à revolução"[28]. Acorde com os ideais revolucionário-populistas de então, Larry Neal postulava os traços de uma estética negra, entendida como ruptura de padrões ocidentais e como formulação de motivos e linhas de orientação, que as traduziam, às vezes, normativamente:

> O maior princípio do poder negro é a necessidade de o povo negro definir o mundo com seus próprios termos. O artista negro visa ao mesmo objetivo no contexto estético. Os dois movimentos postulam que há, de fato, e em espírito, duas Américas – uma negra e uma branca. Para o artista negro, seu primeiro dever é falar para as necessidades espirituais e culturais do povo negro.[29]

Uma das tendências mais radicais do movimento teatral da época é articulada por LeRoi Jones (Amiri Baraka) que, em suas peças e ensaios, define a atividade teatral como um eixo propulsor de mudanças e uma estratégia, em si mesma, de ataque sistemático ao *status quo*: "O Teatro Revolucionário deve forçar mudanças, deve ser mudança. O Teatro Revolucionário deve expor. Os brancos se acovardarão frente a esse teatro, porque esse teatro

28. R. Karenga, Black Cultural Nationalism, em A. Gayle Jr. (ed.), *The Black Aesthetic*, p. 33-34. (TM.)

29. L. Neal, The Black Arts Movement, *The Drama Review* (Issue on Black Theatre), v. 12, n. 4, (T. 40), p. 29. (TM.)

os odeia... O Teatro Revolucionário deve acusar e atacar tudo o que tem de ser acusado e atacado. Ele deve acusar e atacar porque é um teatro de vítimas."[30]

Esse confronto simbólico, esboçado via representação teatral, nem sempre dialetiza as posições do negro e do branco em um sistema racista e, também, capitalista; apenas maximiza seu antagonismo de modo semipanfletário. Entretanto, nas produções mais ricas, essas posições serão tecidas dialeticamente, prolongando uma discussão que não se esgota no período evocado e que dramatiza a questão racial numa relação e num projeto mais amplos, como em *Dutchman*, do próprio Baraka.

A variedade da produção dramática da época espalha-se pela obra de Amiri Baraka, Ed Bullins, Adrienne Kennedy, James Baldwin, Lorraine Hansberry, Alice Childress, Sônia Sanches, Ronald Miller, Douglas Turner Ward e de muitos outros escritores. Esses arquitetam, em seus textos e produções, os perfis de um teatro que se apresenta como construção e percurso, rompendo, em sua composição e na dinâmica com o espectador, muitas das relações especulares com o teatro ocidental mais tradicional. As companhias e organizações teatrais – The Black Theatre Alliance, The National Black Theatre, The Negro Ensemble Theatre, The New Federal Theatre, The New Lafayette Theatre, BART, The Concept East, The Kuumba Workshop, entre outros –fomentam e impulsionam a atividade teatral pelo país. Nesse cenário, rico em movimentos de contestação e ruptura, o Teatro Negro se exibe na sua condição de um outro, articulando, nas marcas de sua alteridade, o sintagma de sua diferença. Figurativamente, esse teatro, em si mesmo, protagoniza os anos 1960, como uma enunciação que questiona o paradigma do sonho estadunidense, explora a negrura como um signo cênico plural e expõe, simbolicamente, a urgência de transformações efetivas e imediatas no *status quo*. James Baldwin, em um

30. L. Jones, *Home, Social Essays*, p. 210-211. (TM.)

texto-síntese da época, resume os pressupostos que, em todos os níveis de atividade artística, impulsionam a intelectualidade mais ativa: "Tudo, agora, devemos assumir, está em nossas mãos; não temos o direito de assumir de outro modo. Se nós [...] não falharmos em nosso dever, agora, talvez possamos, o punhado que somos, pôr fim ao pesadelo racial, atingir nosso país e transformar a história do mundo. Se não ousarmos tudo, agora, o cumprimento daquela profecia bíblica, recriada na canção de um escravo, nos atingirá: 'Deus deu a Noé o signo do arco-íris. Não mais água; o fogo da próxima vez.'"[31]

O espírito francamente revolucionário e autodefinidor do teatro nessa época será ofuscado na dramaturgia e no teatro mais contemporâneos, sem que se minimize, entretanto, o alto grau de reflexão e análise crítica da posição do negro e desse teatro na sociedade estadunidense. Essa posição será, no entanto, metaforizada e dialetizada em relação a outras situações e a outras minorias, como se pode apreender dos textos de Ntozake Shange, August Wilson e Charles Fuller, por exemplo. O Teatro Negro atual já não se propõe a ser a consciência do negro ou a exercer um papel de controle dessa consciência. A simbolização alegórica do real, a questão da identidade do sujeito negro e a do próprio Teatro Negro são reelaboradas numa construção textual que se ostenta e se mostra como um objeto singular. Às velhas questões, aliam-se reflexões e inquietações mais recentemente focalizadas, instigando os dramaturgos, como a fala de uma personagem de Shange sugere:

> I've lost it
> touch wit reality/i dont know who's doin it
> i thot i waz but i waz so stupid i waz able
> to be hurt
> & that's not real/not anymore/i shd be
> immune/if
> i'm still alive & that's what i waz

31. J. Baldwin, *The Fire Next Time*, p. 180. (TM.)

discussin/how i am
still alive & my dependency on other livin
beins for
love i survive on intimacy & tomorrow/
that's all i've
got goin & the music waz like smack & you
knew abt
that & still refused my dance waz not enuf/
& it waz
all i had but bein alive & bein a woman &
bein
colored is a metaphysical dilemma/ i havent
conquered
yet/ do you see the point my spirit is too
ancient to
understand the separation of soul & gender/
my love
is too delicate to have thrown back on my
face.[32]

Comparando-se a trajetória do Teatro Negro nos dois países em estudo, poder-se-ia, de imediato, ressaltar uma diferença de percurso: nos Estados Unidos, esse trajeto produz uma continuidade, que não se confunde com linearidade, mas que denota uma insistência efetiva e um alastramento territorial; no Brasil, ao contrário, o Teatro Negro produz um sulco ou sulcos que parecem esgotar--se em sua autonomia. Ao se pensar um Teatro Negro no

32. N. Shange, *For Colored Girls who Have Considered Suicide/When the Rainbow is Enuf*, p. 47-48: "eu perdi / o contato cá realidade/eu não sei quem tá fazendo / eu pensei quera eu mas eu era tão istupida quera capaz de me machucar / & isso não é real/não mais/eu era pra tá imune/ se eu ainda / estou viva & era isso queu tava discutindo/ como eu ainda / tô viva & minha dependência de otros seres vivos para o amor / eu sobrevivo na intimidade & no amanhã/isso é tudo que eu tenho / & a música era como um tapa & cê sabia disso / & ainda se recusava minha dança num era o suficiente/& era tudo queu tinha / mas estar viva & ser uma mulher & ser de cor é um dilema / metafísico/que eu não resolvi ainda/o ponto é que meu espírito é muito antigo para compreender a separação entre / alma & gênero/ meu amor é muito delicado para ser desprezado."

Brasil, é obrigatório reportar-se, quase que exclusivamente, ao Teatro Experimental do Negro, a sua marca mais visível no cenário brasileiro, ao Teatro Popular Solano Trindade e a algumas produções esparsas de escritores contemporâneos. Não há, no entanto, entre essas realizações, uma trajetória hegemônica, ainda que não homogênea; existem, na verdade, bolsões de desterritorialização que não se articulam nem se integram em um movimento de reterritorialização extensiva como nos Estados Unidos. Daí minha atenção voltar-se para o Teatro Experimental do Negro, não como uma origem, mas como um objeto originário que, apesar de todas as suas contradições internas, conseguiu, num determinado intervalo temporal, descompor as cortinas do palco brasileiro.

O Teatro Experimental do Negro (TEN) surge no Rio de Janeiro, em 1944, em um ambiente de absoluta perplexidade, muita especulação e ceticismo. Na coluna "Cara ou Coroa", de *O Globo*, de 21 de outubro de 1944, Henrique Pongetti resumia o clima que cercava a sua criação: "No Brasil, o teatro negro não terá de dirigir ao nosso preconceito, mas à nossa indiferença, a sua mensagem histórica."[33] Apesar da descrença e do preconceito denegado, o TEN irrompe na cena teatral brasileira em 5 de maio de 1945, no Teatro Municipal do Rio de Janeiro, com a montagem da peça *O Imperador Jones*, de Eugene O'Neill. Na sua crônica do dia seguinte, o mesmo Henrique Pongetti elogia o empreendimento e a montagem da peça, destacando os cenários de Enrico Bianco e a atuação de Aguinaldo de Oliveira Camargo, no papel título:

> Ele cresce de fala em fala – e é fácil seguir esse fenômeno de crescimento à vista, reparando na cara dos acima referidos oficiais americanos, no silêncio ávido da plateia [...] Cada monólogo na floresta dá-lhe um palmo. A oração do remorso dá-lhe dois de uma só vez. Os negros do Brasil – e os brancos também – possuem

33. H. Pongetti, Entre O'Neill e a "Pérola Negra", *Teatro Experimental do Negro: Testemunhos*, p. 13-14.

agora um grande ator dramático: Aguinaldo de Oliveira Camargo. Um antiescolar, rústico, instintivo grande ator.[34]

Participam dos projetos do TEN, além de Abdias Nascimento, seu idealizador e um de seus fundadores, Aguinaldo de Oliveira Camargo, Ruth de Souza, Lea Garcia, Arinda Serafim, Ironildes Rodrigues, Claudiano Filho, Tibério Wilson, José Herbal, Teodorico dos Santos, Haroldo Costa, Marina Gonçalves, Mercedes Batista, Solano Trindade e muitos outros. Enrico Bianco desenhou vários cenários para o grupo, que contou, ainda, com a participação esporádica do cenógrafo Santa Rosa e do teatrólogo Brutus Pedreira.

Desde sua fundação, o TEM se apresentava como um projeto cultural de intenções mais abrangentes, que não se restringiam apenas à área da representação teatral, definindo-se como "um amplo movimento de educação, arte e cultura"[35]. Em função desse objetivo, a partir de 1945 foram promovidas várias atividades, através das quais o TEN se afirmava como uma oficina de produção e fomento cultural:

A literatura dramática assim como a estética do espetáculo, fundadas sobre os valores e óptica da cultura afro-brasileira, emergiram como necessidade e resultado lógico do exame, da reflexão, da crítica e da realidade do TEN, o qual organizou e patrocinou cursos, conferências nacionais, concursos e congressos, ampliando dessa forma as oportunidades para o afro-brasileiro analisar, discutir e trocar informações e experiências.[36]

Esse leque variado de atividades produziu concursos inéditos: Rainha das Mulatas e Boneca de Pixe [*sic*], nas décadas de 1940 e 1950; a competição plástica Cristo Negro, em 1955, a Convenção Nacional do Negro, em 1945 (SP)

34. Idem, Brancos e Negros, *Teatro Experimental do Negro: Testemunhos*, p. 16.

35. Citação extraída de uma carta enviada pelo TEN ao Conselho Municipal do Distrito Federal (Rio de Janeiro), reiterando um pedido de verbas, p. 1.

36. A. do Nascimento, *O Quilombismo*, p. 68.

e 1946 (RJ); a Conferência Nacional do Negro, em 1949; o Primeiro Congresso do Negro Brasileiro, em 1950; e a Semana do Negro, em 1955. Na década de 1950, o TEN editou a revista *Quilombo* e, em 1961, a antologia *Dramas Para Negros e Prólogo Para Brancos*, edição, ainda hoje, única no mercado editorial brasileiro. É interessante observar, no próprio título dos concursos de beleza, a reprodução de uma nomenclatura que, de certa forma, reproduz a discriminação utilizada socialmente, na medida em que os termos *mulata* e *pixe* [*sic*] manifestam gradações de cor e fenótipo. Esse recurso, ainda que proponha valorizar a beleza da mulher negra, manifesta certas ambiguidades e conflitos que marcaram algumas das atividades do TEN.

Após sua estreia no Teatro Municipal, *O Imperador Jones* foi transferido para o Teatro Fênix, encerrando sua temporada em 8 de setembro de 1946. Fechava-se, com sucesso, a primeira de uma série de produções teatrais através das quais, por mais de uma década, o TEN conseguiu interferir efetivamente no palco brasileiro, estendendo-se até São Paulo, onde, em 1946, se fundou o TEN/SP. De 1945 a 1957, o TEN levou à cena no Rio de Janeiro: *O Imperador Jones* (1945), *Todos os Filhos de Deus Têm Asas* (1946) e *Moleque Sonhador* (1946), de Eugene O'Neill; *O Filho Pródigo* (1947), de Lúcio Cardoso; *Aruanda* (1948), de Joaquim Ribeiro; *Calígula*, de Albert Camus; *Filhos de Santo* (1949), de José Morais Pinho; *Rapsódia Negra*, espetáculo de dança (1952); e *Sortilégio* (1957), de Abdias Nascimento. Entre as peças montadas pelo TEN paulista, incluem-se *O Cavalo e o Santo* e *Filha Moça*, de Augusto Boal, *João Sem Terra*, de Hermilo Borba Filho e *O Mulato*, de Langston Hughes.

A antologia publicada pelo TEN, em 1961, inclui as seguintes peças: *O Filho Pródigo*, de Lúcio Cardoso, *O Castigo de Oxalá*, de Romeu Crusoé, *Auto da Noiva*, de Rosário Fusco, *Sortilégio*, de Abdias Nascimento, *Além do Rio*, de Agostinho Olavo, *Filhos de Santo*, de José de Morais Pinho, *Aruanda*, de Joaquim Ribeiro, *Anjo Negro*, de Nelson Rodrigues e *O Emparedado*, de Tasso da Silveira.

Segundo Mikhail Bakhtin, a linguagem repousa na linha fronteiriça entre o sujeito e o outro. A palavra, na linguagem, apenas em parte pertence ao enunciador. Ela só se torna propriedade do falante quando este a impregna de sua intenção, de sua própria dicção, quando, em síntese, se apropria da palavra, adaptando-a ao seu próprio propósito semântico e expressivo:

> Antes deste momento de apropriação, a palavra não existe numa linguagem neutra e impessoal (não é afinal de um dicionário que o falante obtém as palavras!), mas, ao contrário, a palavra existe na boca de outras pessoas, no contexto de outros sujeitos, servindo às intenções de outras pessoas: é daí que pegamos as palavras e as fazemos nossas.[37]

Essa apropriação da função enunciadora, quando o falante adapta à palavra sua própria intenção semântica, essa usurpação, enfim, constitui um dos aspectos mais significativos das peças e atividades promovidas pelo TEN. Este confrontava a plateia com uma mudança de dicção fundamental, provocando uma transformação até então inédita no movimento cênico do signo negro. Procurando romper e/ou desfigurar os modelos de ficcionalização da personagem negra, o TEN descentra e descola o papel da *persona* negra e a função de sua fala, agora investida de uma atitude e de uma posição anunciadoras e produtoras de sentido, que primam pela releitura e desconvencionalização dos modelos sacralizados pela tradição teatral brasileira. No intervalo que marcou sua participação efetiva na cena teatral brasileira, o TEN conseguiu, em grande parte de sua produção, construir uma linguagem dramática alternativa, através da qual a negrura se erigia como um *tropo* figurativo relevante e distintivo em sua visibilidade.

Esse investimento procurou descentrar o discurso vigente do poder e, consequentemente, dos saberes ins-

37. M. Bakhtin apud H.L. Gates Jr. et al., *"Race", Writing and Difference*, p. 1.

titucionalizados, promovendo o discurso do outro como um signo de alteridade e singularidade. No jogo da *mise-en-scène* e da construção de personagens, o TEN buscou recuperar o sentido plural do signo negro, pelo qual se operava a síntese de vários outros signos dramáticos. Nessa via, a atividade teatral veiculava uma série de imagens significantes que, através de processos e concepções cênicas variados, traduziam o amplo espectro da experiência e da memória do negro no Brasil. Manipulando sintaticamente o jogo das aparências, engendrado sob as máscaras sociais que moldam o sentido das cores negra e branca e suas variantes, tentando realizar e desconstruir os estereótipos e a figuração emblemática que reproduzem os preconceitos raciais, utilizando negro e branco como símbolos ideologicamente marcados, empregando a estratégia da dupla fala e da ironia como ruído desmistificador de *verdades* absolutas e universais, erigindo a simbologia da sombra no espelho dramático, como um processo possível de eclosão da visibilidade, empregando os rituais religiosos afro-brasileiros como intertextos dinâmicos na estrutura do alinhavo cênico, processando a reposição do negro de *objeto enunciado* a *sujeito enunciador*, o TEN quis definir-se como instrumento de uma transformação desejada e, ainda hoje, desejante:

> O que é o TEN? Em termos dos seus propósitos ele constitui uma organização complexa. Foi concebido fundamentalmente como instrumento de redenção e resgate dos valores negro-africanos, os quais existem oprimidos ou/e relegados a um plano inferior no contexto da chamada cultura brasileira, onde a ênfase está nos elementos de origem branco-europeia. Nosso teatro seria um laboratório de experimentação cultural e artística, cujo trabalho, ação e produção explícita e claramente enfrentavam a supremacia cultural elitista-arianizante das classes dominantes. O TEN existiu como um desmascaramento sistemático da hipocrisia racial que permeia a nação.[38]

38. A. do Nascimento, op. cit., p. 68.

Em 1962, em um artigo para *O Estado de S. Paulo*, Florestan Fernandes, ao analisar a antologia publicada pelo TEN, reconhecia como revolucionário o fato de se pretender engendrar um teatro que propunha criar oportunidades para a "formação e afirmação artísticas do negro", procurando rever os estereótipos e eliminar, progressivamente, "as barreiras que proscreviam o negro de nossa vida intelectual produtiva e criadora"[39]. No mesmo artigo, en- tretanto, o autor apontava um dos dilemas enfrentados e não resolvidos pelo TEN: a formação e a participação efetiva do público negro em seus auditórios e no teatro brasileiro em geral.

A não participação efetiva da comunidade negra, seu público mais potencial, pode ser considerada como um dos motivos que determinaram a extinção precoce do TEN e a não criação de uma tradição plasmada em seu exemplo e iniciativa. Apesar da riqueza expressiva de suas produções e publicações, o TEN não conseguiu uma penetração eficaz junto ao público negro, não por incapacidade sua, mas, como afirma Miriam Garcia Mendes, "pela situação social e econômica do negro, geralmente pior que a do branco, que tornava difícil, se não impossível, essa inclusão"[40].

Aliada a esse fator, ressalta-se a precariedade financeira que sempre ameaçou a sobrevivência do TEN, que não conseguiu apoio institucional relevante para suas atividades diversificadas. O grupo mantinha-se apenas com a dedicação de seus membros e com a ajuda isolada de profissionais e amigos, não tendo, sequer, a locação de um espaço adequado para seus ensaios.

A seu modo, o TEN reproduziu, ainda, o modelo de liderança paradigmática, centrado na figura de um líder carismático e idealizador. Esse modelo, prática muito comum no Brasil, contrapõe-se ao espírito de liderança sintagmática que se observa na articulação das minorias nos Estados Unidos, onde se observa o movimento

39. F. Fernandes, *O Teatro Negro, Teatro Experimental do Negro: Testemunhos*, p. 169.

40. M.G. Mendes, op. cit., p. 200.

contínuo e ascendente do Teatro Negro. No Brasil, entretanto, a criação de núcleos isolados não conseguiu, ainda, tecer uma rede contígua de articulações e movimentos culturais e políticos.

As dificuldades financeiras, os problemas internos do próprio grupo e os efeitos da Ditadura Militar em todas as atividades culturais e artísticas aceleram o fim melancólico de uma experiência rica e singular no contexto teatral brasileiro. O esforço de descentramento promovido pelo TEN não sobreviveu ao aparato ideológico e às séries de condições que vêm, há séculos, excluindo as minorias dos centros de produção e decisão, relegando ao exótico as instituições e as práticas que incorporam o outro em sua fala e que o consideram como um elemento relevante na construção dos saberes e nas posições de poder social.

Uma Gravura do Negro

Ao pontuar esses dois trajetos, no Brasil e nos Estados Unidos, alguns traços constitutivos do Teatro Negro tornam-se salientes, engendrando um discurso e uma história que, através deles e neles, se constituem. Uma reflexão que busque ler e interpretar criticamente essa partitura deverá, necessariamente, considerar todos esses traços como marcas de uma conceituação teórica que os integre, mas que não vise a ser uma definição-tipo ou um conceito padrão. A diferença, nesse caso, não se apreende como uma marca absoluta que elide a semelhança. Ela se tece, em verdade, nos vazios da semelhança que ofusca o *mesmo* e faz fluir o *outro*. O que se busca, aqui, não é definir essa diferença como uma essência, um pressuposto absoluto, mas sublinhar traços que a engendram e instauram nas relações semióticas que a tornam visível. O que se pretende, em síntese, não é dar conta de uma totalidade hermenêutica, porém apreender os sintagmas de uma rede de relações sígnicas que não delimitam fronteiras rígidas, nem se esgotam em si mesmas. Daí o porquê de a discussão teórica sobre a natureza dos signos de reconhecimento, que fundam a singularidade do Teatro Negro, continuar instigando a crítica, que não se conforma com uma generalização simplificadora, que realce ou suprima as diferenças como traços puros, em nome de uma universalidade, que, muitas vezes, se torna sinônimo de etnocentrismo.

A análise desse teatro reserva, de imediato, a constatação de que sua distinção não se prende, obrigatoriamente, à cor, ao fenótipo ou à etnia do dramaturgo, ator ou diretor, como marcas externas, mas que se assenta nessa cor, nesse fenótipo, nessa etnia, além de considerar a experiência, a memória cultural e histórica e o lugar social desse sujeito, erigidos esses elementos como signos que se projetam e se articulam no discurso que os representa e os faz se representarem simbólica e figurativamente. Em um artigo de 1979, Errol Hill já levantava algumas dessas questões, ao destacar a importância de críticos e dramaturgos buscarem a especificidade do Teatro Negro nos elementos estilísticos que o informam. Retomando a célebre definição de Dubois, Hill, apesar de ainda considerá-la historicamente salutar, não mais acredita que "escrever peças sobre o povo negro, tê-las representadas por atores negros, para uma plateia negra, numa comunidade negra" garantiria, necessariamente, "a existência estilística de um teatro negro"[41]. Para tanto, afirma ainda, os que produzem esse teatro deveriam buscar "uma imersão espiritual e intelectual em formas autênticas de expressão negra"[42]. A reflexão de Hill sugere a possibilidade de um percurso teórico mais amplo que o esboçado por Dubois e, mesmo, por críticos contemporâneos[43], dirigindo a atenção para

41. W.E.B. Dubois, op. cit., p. 71.

42. E. Hill, Black Black Theatre in Form and Style, *The Black Scholar*, v. 10, n. 10, p. 29. (TM.)

43. Geneviève Fabre utiliza o termo "Teatro Negro" para se referir à "produção teatral dos negros que serve como um instrumento de investigação da identidade étnica". Segundo ainda a autora, por ser étnico,

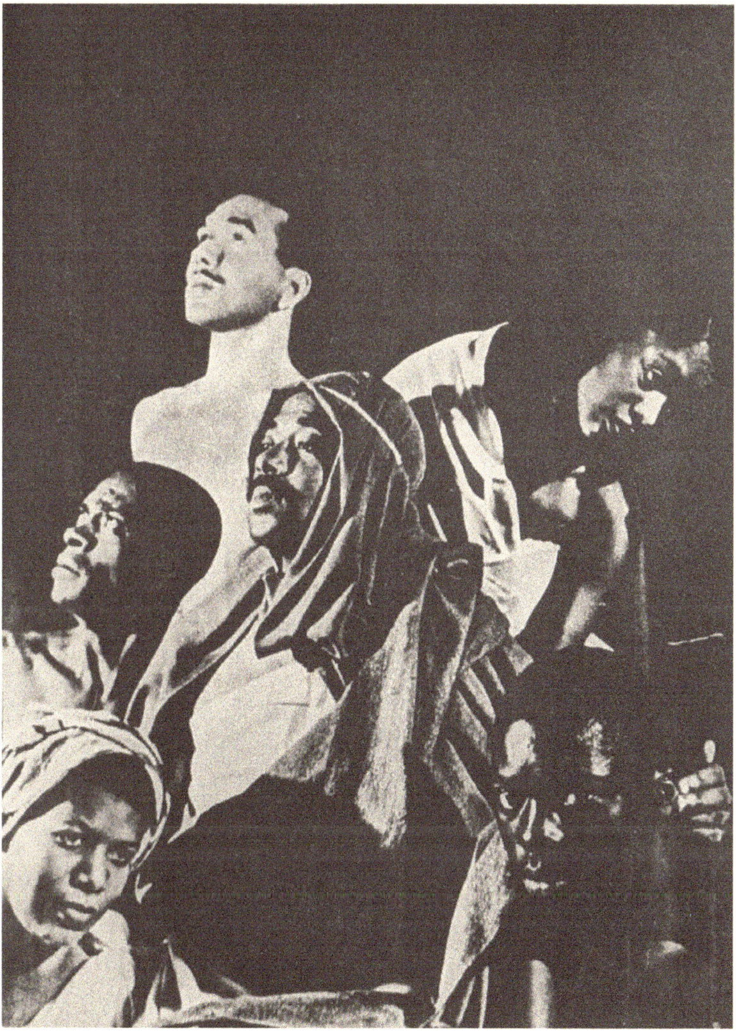

Cena de O Filho Pródigo, *com Roney da Silva, Ruth de Souza, Abdias Nascimento, José Maria Monteiro, Aguinaldo Camargo, Marina Gonçalves. Teatro Ginástico, Rio de Janeiro, 1947.* (Coleção IBAC.)

a construção do texto teatral. Nessa concepção, tanto o dramaturgo quanto os críticos, ao se voltarem para esse teatro, devem familiarizar-se com "a cor e as nuances da expressão verbal negra na fala, na escrita, com os ritmos de movimento e música, com o uso tradicional da palavra, como metáfora e magia, na performance africana, com a resposta coral, que é um recurso recorrente em muitos tipos de reuniões comunitárias negras"[44].

Margaret Wilkerson, por sua vez, destaca outros pontos que considera básicos para a compreensão do Teatro Negro. Segundo ela, "o teatro na comunidade negra é um evento", cujo significado advém, em grande parte, da sua interação com a plateia. Nesse sentido, o que caracterizaria um teatro *negro* seria sua atenção para com a plateia, na medida em que os elementos teatrais refletissem as "esperanças, sonhos, sistema de valores e padrões culturais" do público a que se dirige[45]. Dessa reflexão, derivam algumas definições de considerável relevância para a compreensão do gênero: a noção de teatro como um evento, um acontecimento de integração comunitária, o que remete à própria noção de teatralização da cultura negra, que transforma cada incidente da vida num modo de representação teatral; a reposição da plateia como um elemento significante que participa, ativamente, da dinâmica do espetáculo. Assim sendo, o espectador se torna um dos signos motores da representação, que reflete e é refletido em um discurso que, simultaneamente, o evoca e é por ele evocado, pois a linguagem cênico-dramática movimenta a experiência e a memória coletivas.

Refletindo-se sobre todas as expressões e posições aqui salientadas é que se pode afirmar que o Teatro Negro não se constrói pela simples afeição étnica e racial, mas,

"esse teatro nasce do conflito histórico". G. Fabre, *Drumbeats, Masks and Metaphor*, p. 1.

44. Ibidem, p. 30.

45. M. Wilkerson, Redefinig Black Theatre, *The Black Scholar*, v. 10, n. 10, p. 34-35.

fundamentalmente, pela elaboração de uma enunciação e de um enunciado que o distinguem, em todos os seus matizes. Assim, alguns dos seus signos de elaboração e reconhecimento podem ser delineados, como traços geradores desse discurso cênico-dramático particular, a saber:

1. O contínuo exercício de uma memória cultural dialógica, apreendida não como origem arcaica, mas sim como um significante recorrente que reatualiza, cenicamente, práticas diferentes de leitura, concepção e inscrição do real. Essa memória se faz representar como um *entre-lugar* de cruzamentos culturais, filosóficos, metafísicos, traduzindo-se, basicamente, através do jogo de linguagens verbais, cênicas, gestuais, corporais e rítmicas.

2. A utilização de estratégias que exprimem a teatralização das manifestações culturais negras, entre elas: o artifício da dupla fala, que erige o jogo das aparências como um sintagma que despista e ilude o senso comum e a repressão, fazendo aflorar a polivalência dos significados socialmente barrados; o predomínio da duplicidade expressiva, revelada pelo uso da máscara cênica, do qual deriva um processo de desrealização e desconstrução do estereótipo; a liberação de uma fala alternativa, que procura questionar certas *verdades* universais através da paródia, da sátira, da ironia e do pastiche, utilizados como recursos estilísticos.

3. A atualização de formas de expressão rituais negras, religiosas e seculares, como intertextos constitutivos do discurso teatral.

4. A reposição histórica da figuração do negro, movendo-o e deslocando-o da situação de objeto enunciado para a de sujeito produtor de discurso. Sua elocução, assim, inscreve, instaura e repõe a alteridade como um signo de valor positivo, rompendo a invisibilidade e a indizibilidade retratadas pelo palco tradicional.

5. A construção de imagens que desfiguram os emblemas da brancura, realçando os traços da diferença negra. A releitura desses modelos de identificação normativa do

status quo busca recuperar a natureza plural dos signos negro e branco. Nesse processo de reinvestimento sígnico, o sujeito não é desenhado como uma unidade fixa, imutável, mas faz-se, constitui-se e modifica-se sempre em relação a um outro.

6. A elaboração de uma linguagem cênico-dramática que atraia e estimule a plateia, recuperando, para o teatro, sua concepção de evento comunitário. Este, pela representação coletiva e do coletivo, libera, assim, uma fala lúdica e dinâmica que induz a socialização, a catarse, o movimento, a ação e o compromisso do espectador.

Esses elementos por mim privilegiados não englobam toda a experiência formal e expressiva do Teatro Negro nem esgotam a polivalência de suas manifestações. Eles se apresentam, no entanto, como signos de reconhecimento que permitem traçar vias teóricas de interpretação, sobretudo porque oferecem critérios mais adequados para a leitura, análise e volição críticas da singularidade desse teatro.

Ao estudar o Teatro Negro, esses são os signos sinalizadores do meu percurso, os vales e montanhas percorridos para apreender suas manifestações e expressões. Na peça *A Raisin in the Sun*, a personagem Mama nos diz: "Quando você começar a medir alguém, meça-o bem, jovem, meça-o bem. Faça questão de considerar as montanhas e vales que ele percorreu antes de chegar onde está!"[46] É com esse mesmo espírito e desejo que pretendo refletir sobre esse teatro, meu objeto de investimento e minha cena.

46. L. Hansberry, *A Raisin in the Sun*, p. 121.

PARTE II:
UMA COREOGRAFIA DA DIFERENÇA

Oh Musa de Guiné, cor de azeviche, Estátua
de granito denegrido,
Ante quem o leão se põem rendido, Despido
do furor de atroz braveza; Empresta-me o
cabaço d'urucungo
Ensina-me a brandir tua marimba,
A's vias me conduz d'alta grandeza.

Nem eu próprio à festanca escaparei; Com
foros de Africano fidalgote,
Montado n'um Barão com ar de zóte –
Ao rufo do tambor e dos zabumbas
Ao som de mil applausos retumbantes,
Entre os netos de Ginga, meus parentes,
Pulando de prazer e de contentes –
Nas danças entrarei d'altas cayumbas.

LUIZ GAMA

1. IPADÊ, ATO DE ENCONTRO

Que magia!
Reza, ajeum e orixás.
Tem a força da cultura,
tem a arte e a bravura,
e o bom jogo de cintura
faz valer seus ideais.
E a beleza pura dos seus rituais.

JONAS, RODOLPHO E LUIZ CARLOS,
samba-enredo da Unidos de Vila Isabel, 1988.

Na encenação do texto dramático, variados elementos se conjugam, se complementam ou se superpõem. Para o espectador/leitor, muitos tons e sobretons, pontos e contrapontos apresentam-se e representam-se. De sua harmonia ou concerto, emergem os significados e as impressões da performance, em um espaço-temporal evanescente, que só se capta na presentificação da função teatral. Para o fruidor de uma peça, um dos grandes desafios é sentir o "impacto acumulativo dessas impressões, controladas, como na música, por um *tempo* particular"[1], pois o texto teatral aglutina elementos sígnicos visuais, auditivos, miméticos e verbais, extraídos de outras modalidades artísticas, como a ficção, a poesia, a pintura, a música, a dança.

Por exibir essa variedade dialógica de signos distintos, em contínuo movimento, o teatro é uma arte privilegiada e abrangente, que teria surgido, segundo John Gassner, de "necessidades fundamentais do ser humano na aurora da civilização", representando, em seu percurso, as tensões, desejos, crises e diversidades humanas:

> [O Teatro] configura a vida do homem perante o gênero humano e impõe tributos a todas as demais artes para conseguir esse propósito. Da palavra, da dança, da música e das artes plásticas, constrói uma poderosa síntese das faculdades criativas da humanidade. Suas formas são múltiplas, incluindo diversas convenções teatrais, e pulsa na pantomima e na recitação; nas artes relativamente independentes do balé, do oratório e da ópera e nos mais recentes produtos do progresso mecânico [...]. Finalmente, o drama dirige-se não a indivíduos isolados, mas à espécie humana reunida em grupos, como se fosse para uma função pública. Deve ser encarado como a maior empresa coletiva que projeta e interpreta nossa humanidade comum.[2]

O teatro é, portanto, uma modalidade artística intrinsecamente interdisciplinar e intersemiótica, na qual o signo verbal é apenas um dos elementos constitutivos. Para Fergusson, a concepção do drama como uma arte que "resulta também em palavras, mas que em sua essência é muito mais primitiva, mais sutil e mais direta que qualquer palavra ou conceito – a irredutível ideia do dramático em si" – é um traço comum na obra de pesquisadores contemporâneos que, mais que críticos literários, se tornam

1. J.L. Styan, *The Dramatic Experience*, p. 8.
2. *J. Gassner, Mestres do Teatro, p. XIX.*

estudiosos da cultura[3]. Assim, a crítica teatral e dramática constitui, por si mesma e pela natureza do seu objeto, uma prática interdisciplinar, que conjuga, em seu exercício, um permanente diálogo com diversos ramos do conhecimento estético, filosófico e científico. O teatro imbrica-se no universo cultural da sociedade que o engendra, exigindo, para sua leitura, volição e interpretação, uma reflexão, também ela, dialógica e intersemiótica.

Essa expansividade da modalidade teatral expressa-se, entretanto, através de um código singular, de um discurso específico. Teatro é signo em representação, artifício, convenção que se realiza não apenas em um tempo presente, mas, sobretudo, em *presença de*. Richard Demarcy observa que "a caixa teatral, o jogo, trazem em si mesmos, inelutavelmente, a situação artificial". Segundo ainda ele, uma das ambiguidades e estatuto do teatro consistiria em que a linguagem visual teatral ocupa um lugar intermediário entre "a linguagem visual escrita" e a "linguagem visual cinematográfica". Entretanto, "ao contrário da escritura, essa linguagem se alimenta no real percebido a fim de construir-se como linguagem"[4]. O espectador tem sempre que ler o objeto visto em sua relação cênica e entre a cena e o real, numa dialética sensorial complexa que desliza pela convenção, pelo artifício e pelo substrato imaginário e cultural coletivos. O universo cênico se produz, enfim, por um somatório de linguagens que traduzem e engendram múltiplos significados, erigidos todos por um código singular, cujo fulgor e realidade exigem a cumplicidade do espectador.

Para estudar os signos que constroem esse código, torna-se necessário, portanto, alocá-los no universo e contexto em que se inscrevem, nos lugares sociais que os desenham e veiculam, explorando suas relações discursivas, para aí encontrar sua dimensão e memória coletiva

3. T. Fergusson, *The Idea of a Theater*, p. 9.

4. R. Demarcy, A Leitura Transversal, em J. Guinsburg et al., *Semiologia do Teatro*, p. 26-27.

que só são oferecidas contextualmente, através das sociedades e culturas que as instauram:

> é necessário, a nosso ver, extrair o signo, desempacotá-lo, e uma vez tirado o signo transversalmente (por exemplo: o vermelho e o dourado como cores predominantes num espetáculo), convirá relacioná-lo com a cultura (no sentido evidentemente etnográfico) e com a sociedade que o engendra e examinar seu lugar e sua função no seio dessa cultura e aquilo que ele diz[5].

Essa aproximação entre signo teatral, cultura e sociedade é o que venho procurando tecer neste trabalho, em um percurso de reflexão que, aos poucos, se vai avizinhando do texto dramático e da representação em si. Pode-se afirmar, com Fergusson, que o processo de aproximação de uma peça é, em muito, similar ao processo de familiarização com uma pessoa. Começamos com os fatos observáveis, aparentes, mas somos levados a capturar o funcionamento íntimo de uma engrenagem profunda, intensa, às vezes estranha e muito mais ímpar do que a aparência possa sugerir. O que buscamos, em síntese, é captar, através dos mecanismos do jogo teatral, "o quadro da situação humana que toda cultura encarna e que o palco, em si mesmo, representa"[6].

Ao eleger o ritual da representação como um dos traços constitutivos da diferença do Teatro Negro, penso ressaltar a estreita relação formal, mítica e mística entre o ritual e o drama, em uma variedade de textos representativos do que se pode denominar drama ou teatro ritual. É importante, entretanto, sublinhar que essa modalidade não é aqui considerada como um aspecto original ou atributo exclusivo do Teatro Negro. O que procuro destacar é a diferença tecida no processo mesmo de construção do discurso cênico. Este, ostensivamente, vincula o ritual e o drama em uma simbiose formal, comum ao teatro africano, mas em muito obliterada e opaca no modelo teatral europeu, apesar de

5. Ibidem, p. 32.
6. T. Fergusson, op. cit., p. 11-12.

este último ter-se originado, tal qual o africano, de uma ligação íntima entre os ritos e os mitos ancestrais.

Mito e drama. Rito e encenação. Celebração e comunhão. Dessa relação originária, emerge o teatro clássico greco-latino. Édipo, por exemplo, conforme observa Fergusson, testemunha essa vinculação estreita, se se abordar a peça como um ritual. O Festival de Dioniso, que dá origem à forma trágica, assentava-se em cerimônias rituais iniciáticas que celebravam a fertilidade da terra, a passagem da infância à maturidade, os mistérios do crescimento e desenvolvimento individuais, ao mesmo tempo que procurava propiciar o bem-estar e a saúde da cidade e de toda a coletividade[7].

Essa ligação entre antigos rituais religiosos, intrinsecamente imbricados na cultura social, e formas teatrais ou pré-teatrais é ressaltada também por Albin Lesky quando nos afirma que em todas as sociedades "se encontram, a partir dos estádios mais remotos dos coletores e primitivos caçadores, celebrações mímicas, danças com máscaras, sobretudo, que têm seus paralelos no mais antigo culto grego"[8]. No traçado entre o surgimento do teatro e as celebrações religiosas rituais, John Gassner recua a civilizações anteriores aos gregos, destacando, entre outros, os ritos propiciatórios, os ritos de fertilidade, os ritos sexuais ou fálicos, os de caráter iniciático ou contra a transgressão das leis como formas pré-teatrais recorrentes em várias civilizações. É de modo gradativo que os ritos vão assumindo uma maior complexidade e os símbolos e as representações se tomam mais elaborados[9].

A individuação da trama em torno de um herói-deus, ou herói deificado, é, também, um estágio comum a essas manifestações. No antigo Egito, por exemplo, o protagonista do drama ou paixões era Osíris, "herói deificado, deus do cereal, espírito das árvores, patrono da fertilidade

7. Ibidem, p. 27.
8. A. Lesky, *A Tragédia Grega*, p. 48.
9. J. Gassner, op. cit., p. 4-5.

e senhor da vida e da morte". Os dramas sírios, por sua vez, tinham como centro a figura de Tamuz, "deus das águas e das colheitas, que deviam sua abundância aos rios da Mesopotâmia". Na Babilônia, as celebrações giravam em torno do "encantador amante ou jovem esposo de Ischtar, a deusa-mãe, que representava a fertilidade da terra"[10]. Nas *paixões* mais elaboradas, como as de Osíris e Tamuz, vários recursos cênicos foram gradativamente introduzidos, tais como procissões, cortejos, totens, quadros, sugestões de cenários e outros, e logo se tornaram necessários na celebração do rito[11]. Na Grécia, o drama ocidental encontra seu apogeu ancorado no ritual, fixando uma forma de expressão dramática que se tornaria clássica. No drama grego, conforme Gassner, o teatro vem a constituir uma "síntese de todas as artes", resultando em um "poderoso órgão para a expressão da experiência e pensamentos humanos"[12].

Nessa trajetória da antiguidade aos dias atuais, pode-se constatar uma desvinculação progressiva do drama ocidental de suas formas e funções rituais originárias. Nessa separação, o teatro vai se constituindo como uma atividade autorreferencial e autônoma, ainda que dirigida a uma plateia. Obliterado o fundamento ritual, como exercício comunal, já quase não é possível reconhecer, no ato diário, cotidiano, do palco secular, o espaço comunitário do rito e da performance ritual, vinculados à epifania e à celebração dos deuses.

A prática comunal que evoca uma ativa participação coletiva, a epifania dos deuses e a imbricação entre teatro e rito, teatro e mito, permanecem, entretanto, enraizadas no teatro africano, resistindo às inserções do pensamento ocidental, disseminado nesse continente por séculos de dominação europeia. Esse teatro, estética e conceitualmente, exprime uma forma de percepção do real em muito

10. Ibidem, p. 10.
11. Ibidem, p. 13.
12. Ibidem, p. 17.

diversa da que prevalece no Ocidente. O tradicional teatro africano continua a ser, conforme Wole Soyinka, o "drama do herói-deus", pois as divindades africanas – Ogun, Xangô, Obatalá, Èsù, Oxóssi, Iemanjá, entre outras – são representadas "por ritos de passagem dos deuses-heróis, como uma projeção dos conflitos humanos, contra forças que desafiam seus esforços para se harmonizar em seu ambiente físico, social e psíquico"[13]. Drama e ritual confundem-se na África, pois o contexto do drama ritual é uma totalidade cósmica, um espaço sígnico global que envolve os seres humanos e os deuses. O cenário do drama ritual é sempre o cosmo em sua inteireza e, em cada performance, são utilizados elementos simbólicos e estéticos da representação e celebração rituais, o que a transforma "em uma experiência exponencial e polivalente de natureza mística e profana". O palco, desenhado como "a arena ritual da confrontação", simula essa natureza espacial, sendo percebido e apreendido como um microcosmo mágico, que é ativado pela presença e participação comunitárias[14].

Nesse cenário pluridimensional, o drama ritual africano integra o divino e o humano, em uma complementaridade necessária. O teatro ocidental não negligenciava, em seus primórdios, essa dimensão cósmica e inter-relacional, na qual a apreensão da natureza terrena está indissociada de todo o fenômeno cósmico. No teatro africano, porém, persiste esse sentido de coexistência e de atração gravitacional dos fenômenos, em que o rito se oferece como uma força terapêutica, lúdica, didática e mobilizadora, que aglutina a comunidade e a ela se dirige.

O teatro ritual africano tradicional mantém ativo esse agrupamento dos planos humano e divino, extraindo, do espaço do rito, um modo de coesão comunitária, que exprime os problemas, os conflitos e as tensões sociais, através de um sistema simbólico completo, que canta a

13. W. Soyinka, *Myth, Literature and the African World*, p. 1.
14. Ibidem, p. 2-3.

pujança da palavra e do corpo como forças motrizes. Articulando uma fala atemporal, que conjuga os mitos do passado com os mitemas contemporâneos, esse teatro reatualiza a dialética de complementaridade temporal e material entre os infantes, os anciãos, os ancestrais e as divindades, na busca de uma identidade humana desejada:

> O teatro africano exprime [...] esta articulação do presente sobre o passado que ainda não foi realizado. O que habita o africano é esta nostalgia da origem e da unidade, esta obsessão pela identidade. Ele tentará a todo custo revisitar seu passado para tirar proveito e reencontrar os modelos exemplares e formadores.[15]

A tradição iniciática africana e as celebrações comunitárias tecem-se por comportamentos coletivos que sugerem um movimento contínuo entre as cerimônias social e dramática, ambas executadas sob o signo do ritual, que pode ser definido, na África, como "um conjunto de ritos, de regras, como uma sequência de gestos, de falas, que respondem às necessidades essenciais" da comunidade[16]. As peças de autores consagrados do teatro contemporâneo africano – Wole Soyinka, por exemplo – inspiram-se e apoiam-se nos festivais e celebrações religiosas do cotidiano africano e neles se inserem:

> O dramaturgo e o ator africanos, assim, não são homens isolados de seu povo, produzindo um material obscuro para uma plateia intelectual elitista, mas, ao contrário, eles continuam a tradição [...] griot, como um cronista da história do povo, uma voz da consciência do povo, o estimulador de ideias e atividades. E este é um papel familiar, tanto para o dramaturgo quanto para a plateia.[17]

Em sua execução e repetição, o ritual evocaria, para o africano, "um desses momentos sagrados da tradição, no qual o grupo está em relação direta com o seu meio e enfrenta

15. M.-J. Hourantier, *Du Rituel au théatre-rituel*, p. 9.
16. Ibidem, p. 23.
17. M. Banham; C. Wake, *African Theatre Today*, p. 2-3.

as grandes instâncias da vida"[18], recriando e traduzindo práticas ancestrais e formas de expressão imemoriais. Essa manifestação ritualística do cotidiano deve-se, em grande parte, à tradicional mediação do culto das divindades, que permeia toda a atividade do africano. Como observa John S. Mbiti:

> Porque as religiões tradicionais permeiam todos os setores da vida, não há nenhuma distinção formal entre o sagrado e o secular, entre religioso e o não religioso, entre as áreas da vida material e espiritual. Onde está o africano, está sua religião: ele a leva consigo para os campos, onde semeia as sementes ou prepara uma nova plantação; ele a leva consigo para as festas ou para as cerimônias fúnebres; e, se é culto, ele leva a religião consigo para a sala de exames [...] se é um político [...] ele a leva para o parlamento.[19]

Um dos elementos vetores do teatro ritual africano é a força motora da palavra em si e sua densidade hilética, material, que articula uma fala projetada em três tons básicos, assim concebidos por Hourantier:

1. A PALAVRA PROFERIDA: "Na África, tudo começa e tudo termina pela palavra e tudo dela procede. Todo ato social traça e reproduz essa fala inicial, atribuída ao ancestral fundador, ligada à posteridade, como ideal cultural do grupo. Assim, a fala ritual libera, reconcilia, ressocializa."[20]
2. A PALAVRA TERAPÊUTICA: "[...] assenta-se na potência do verbo, trata a alma e o corpo, colocando o ser humano em um estado de total disponibilidade e receptividade. Desde o passado, a eficácia dessa fala supõe uma convicção: o medicamento verdadeiro advém da vibração da palavra, legada pelo ancestral[21]".

18. M.-J. Hourantier, op. cit., p. 26.
19. Apud P.C. Harrison, *The Drama of Nommo*, p. XVIII-XIX.
20. M.-J. Hourantier, op. cit., p. 130.
21. Ibidem, p. 135.

3. A PALAVRA PARTICIPATIVA: "[...] movimenta uma fala ritual, realizada para criar o círculo ritual e nele englobar os espectadores, que são levados a manifestar seu apoio no ato que lhes é destinado"[22].

No engendramento dessa fala plurissignificativa, o teatro ritual africano utiliza recursos como onomatopeias, gritos, cantos, silêncio, música, dança, cheiros, numa relação sígnica contígua, absolutamente necessária para a efusão da atmosfera sinestésica que libera a palavra e movimenta o corpo. A cultura negra nas Américas, a seu modo, nas várias formas de expressão e asserção aqui desenvolvidas, mimetiza essa concepção do ritual dramático africano, num *continuum* que reterritorializa essas formas. Muniz Sodré sintetiza todo esse processo, ao afirmar:

> A cultura negra é um lugar forte de diferença e de sedução na formação social brasileira. No ritual – essa estratégia das aparências –, os gestos, os cantos, o ritmo, a dança, as comidas, todos os elementos simbólicos, se encadeiam sem relação de causa e efeito (não há signo determinante), mas por contiguidade, por contato concreto e instantâneo.[23]

Tal ritualização ostensiva está presente nas diversas formas de expressão teatralizada da cultura negra, evidenciando um modo distintivo de apreensão da realidade e de atuação social. O Teatro Negro secular, no Brasil e nos Estados Unidos, exibe, como uma das marcas de sua singularidade, o diálogo permanente com esse modo de concepção formal e existencial, que tem no ritual um de seus pressupostos básicos, como uma estrutura significante que movimenta toda a representação. Nessa direção, muitos dramaturgos apoiam-se em formas de expressão ritual – os cultos afros, no caso brasileiro, e a moldura teatralizada dos serviços religiosos das igrejas negras, nos Estados

22. Ibidem, p. 140.
23. M. Sodré, *A Verdade Seduzida*, p. 178.

Unidos –, quando não criam, na própria concepção cênico-dramática, um projeto de teatro ritual que procura, como informa Paul Carter Harrison, "refocalizar o universo moral da comunidade e restabelecer a ordem que se encontra no vigor da tradição comum[24]". A peça a ser representada, ou em representação, revela-se, assim, ao leitor/espectador como um evento catalisador de uma variedade de signos sonoros, plásticos, verbais e olfativos, que estimulam a sensibilidade da plateia, buscando despertar uma resposta motivada e uma fala coletiva, aglutinando os atores e o público numa performance ritual envolvente e globalizante.

As canções, o ritmo dos instrumentos de percussão, a dança, os gestos, todos os movimentos do corpo, os mitemas culturais conjugados em cena capturam o próprio pulsar rítmico da experiência negra ancestral, engendrando uma percepção harmoniosa do corpo e do espírito. Essa orquestração de palavras, sons, imagens, luzes e sombras, máscaras e totens, cores, ritmos e cheiros cria uma linguagem teatral sinestésica, envolvendo o palco e a plateia numa atmosfera de receptividade e engajamento coletivos:

> O "evento", então, torna-se o contexto da realidade, um campo de força fenomenal, que é ritualizado. Para que este evento seja iluminador, necessitamos de autores que sejam capazes de ir além do caráter descritivo e de opressão sócio gramatical, diretores que se prepararam com o conhecimento das mitologias africanas e afro-americanas e que sejam capazes de discernir a resposta motivada do povo negro a certos ritmos; e atores que [...] possam mover-se, com segurança, no ritmo das modalidades com graça e potência naturais.[25]

Algumas das peças que integram a antologia *Dramas Para Negros e Prólogo Para Brancos* apoiam-se nos rituais religiosos afro-brasileiros, principalmente do candomblé,

24. Op. cit., p. 6.
25. P.C. Harrison (ed.), *Kuntu Drama*, p. 8.

como intertextos constitutivos do discurso cênico-dramático, numa concepção dialógica na qual os ritos se tornam um segundo texto, que permeia a *mise-en-scène*. Nesse segundo texto, ou subtexto, que desenha e estrutura o discurso cênico, a linguagem dos cantos e danças rituais, a exploração do coro – síntese entre a comunidade e as divindades –, o uso de máscaras e totens sagrados ou estilizados, a coreografia dos movimentos e gestos das personagens são signos que se encadeiam sintaticamente, criando uma atmosfera mítico-evocativa relevante para a expressão ritual, a metamorfose das personagens e a elocução de uma linguagem multiforme. Não se pretende, nessas peças, reproduzir literalmente os ritos religiosos ou utilizá-los como recurso exótico ou periférico. Os rituais religiosos funcionam como expressão de um princípio estrutural dialético, um intertexto que traduz, conceitual e formalmente, uma visão de mundo diferencial, um cruzamento semiótico discursivo, que explora padrões de referência culturais distintivos, fabulando, na encruzilhada dos conflitos e tensões e na urdidura da trama, o esboço de uma identidade alternativa para as personagens e para esse próprio teatro.

A concepção espaço-temporal das peças encena, ainda, um sistema de valores filosóficos e metafísicos de raízes africanas, extraídas, principalmente, da religião Nagô. Na visão de mundo tradicional africana, que prevalece nos ritos religiosos das culturas da diáspora nos continentes americanos, o ser humano, mesmo antes de seu nascimento, participa de uma totalidade e de uma complementaridade cósmicas das quais derivam deveres e funções singulares. Através do processo de invocação e/ou encarnação dos orixás e na prática das oferendas, mantém-se o sentido de equilíbrio do universo, em constante movimento instaurador e restaurador de energias vitais (o *axé*). Assim é que, nas peças referidas, o tempo e o espaço devem ser concebidos de modo a transmitir a noção de que o humano e o divino convivem, simultaneamente,

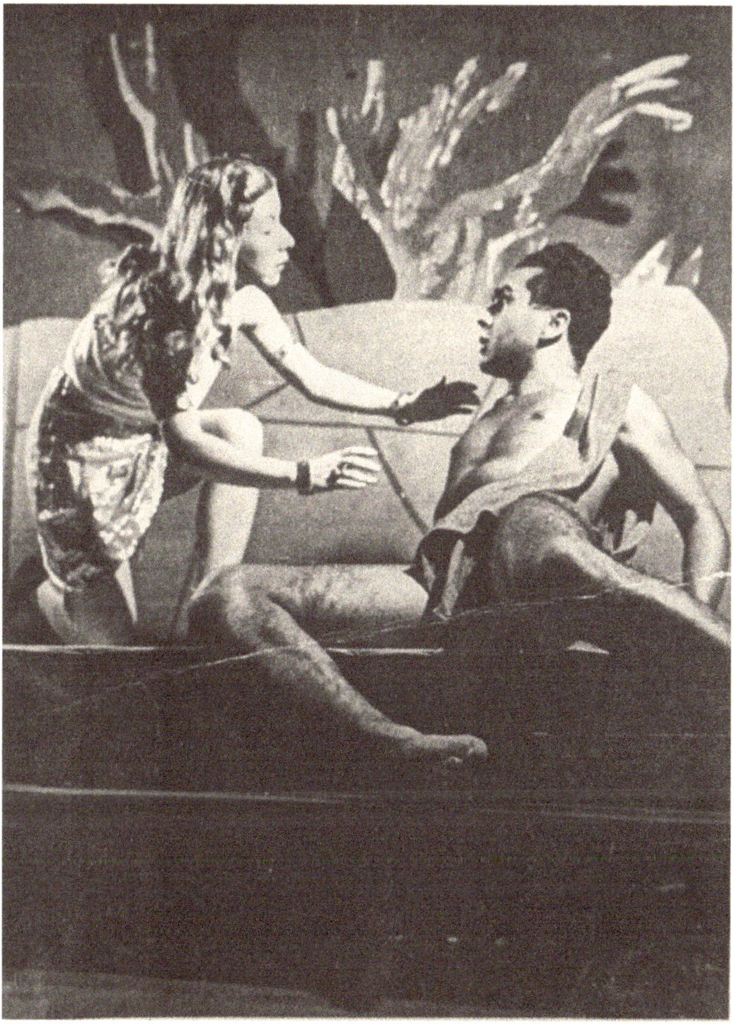

O Filho Pródigo *com Ana Maria e José Maria Monteiro. Teatro Ginástico, Rio de Janeiro, 1947.* (Coleção IBAC.)

como fenômenos de uma totalidade cósmica, não havendo uma distância inexpugnável entre o *aiyé*, a matéria, e o *onim*, o além. No sistema metafísico Nagô, o ser humano adulto, os ancestrais, os mortos, os infantes e o divino participam de uma total contemporaneidade e não da extemporaneidade que separa Deus e o homem. Pelo ritual e no ritual, preservam-se as pontes que interligam as instâncias da vida, contidas todas numa totalidade cósmica.

Alguns desses princípios cênicos e conceituais serão por mim explorados, com maior ênfase, nas peças *Sortilégio*, de Abdias Nascimento, e *Slaveship*, de Amiri Baraka. A abordagem desses textos será complementada com elementos de *Além do Rio*, de Agostinho Olavo. Busco, assim, explicitar, na nervura dos textos dramáticos, suas possibilidades performáticas, em uma proposta de leitura que os insere na concepção estética própria do teatro ritual.

Quizomba

Sortilégio e *Além do Rio* apresentam, como tema básico, o processo de reconstrução da identidade do sujeito negro que fora assimilado, compulsoriamente, pelos valores e emblemas da cultura europeia. As peças projetam a reimersão dos protagonistas em um sistema de ordem e padrões culturais afro-brasileiros. Nesse percurso, o ser negro, antes assujeitado por uma fala excêntrica que o tornava invisível, transforma-se em um indivíduo que se reconhece étnica e culturalmente, recentrando uma alteridade até então pulverizada pela máscara da brancura. As peças dramatizam um trajeto de autoafirmação individual e coletivo, um ritual de passagem, uma travessia moral e psicológica, por meio da qual o protagonista adquire uma dimensão metonímica, como um signo cultural alternativo.

Sortilégio, escrita em 1951, estreou no Teatro Municipal do Rio de Janeiro em 21 de agosto de 1957, após vários problemas com a censura, que já, antes, interditara a peça. O texto, no subtítulo, define-se como um *mistério negro*. Esse epíteto oferece, de imediato, algumas conotações. O termo *mistério* evoca o culto de divindades ancestrais, sejam elas africanas, cristãs, ou outras, assim como remete, ainda, a uma modalidade teatral medieval, os Mistérios, em cuja tessitura se evidenciava o uso híbrido de canções, coros, recursos sonoros e plásticos variados. O adjetivo *negro* torna-se, nesse caso, um sinal que aponta uma dupla referência: a mística, firmada pelas divindades e mistérios dos ritos afro-brasileiros, e a estética, vinculada ao gênero teatral da Idade Média e ao teatro ritual africano.

Em sua concepção formal e sugestão ritual, o texto se apresenta, ao espectador, como uma trilha por meio da qual se dramatiza um rito de passagem. Este simboliza o percurso do protagonista Emanuel, um indivíduo negro assujeitado pelos valores e emblemas da sociedade branca, e sua posterior reinscrição no universo da cultura negra. Em termos sociais, a peça manipula o jogo de máscaras que se justapõem, se repõem e se deslocam nos vários perfis da personagem, concebida como um signo polivalente, através do qual se evocam inúmeras referências culturais, místicas, sociais e psicológicas.

Para sobreviver no mundo dos brancos, Emanuel abafa sua memória racial e cultural e os signos internos e externos que a representam. Advogado, casado com uma mulher branca, Emanuel também embranquece metaforicamente. Abandona e despreza os ritos do candomblé, a ex-namorada negra e todos os mitemas de seu grupo racial de origem. No jogo dialético encenado entre a brancura compulsória e a negrura reprimida, mascarar-se de branco é impulso ou efeito de uma ostensiva coerção e de um investimento social e psicológico. Tornar-se branco, na estrutura do texto, é um mecanismo de defesa e ajuste, por meio do qual a personagem procura criar estratégias de adaptação, aceitação social e autoafirmação. Augusto Boal observa: "Emanuel é, acima de tudo, um negro alienado da sua condição mesma de negro. [...] Colocou na face uma máscara que não tinha a forma de seu rosto. Assimilou atitudes da sociedade branca. A sua adaptação significou a negação de si mesmo."[26]

Da autorrepresentação de Emanuel, de seu emolduramento e transvestimento, deriva um enclausuramento psicológico e emocional. Na peça, mascarar-se de branco é fazer-se passar por branco, mimetizando o comportamento e veiculando os padrões e valores europeus, quer na negação das religiões afro-brasileiras, quer na superestimação de certos modelos – o balé clássico, por exemplo, em oposição à dança afro. Nesse impulso, Emanuel faz circular um *saber* sobre o negro, que se baseia numa visão de mundo etnocêntrica, excludente, e que polariza os objetos referenciais, sem qualquer mediação que permita discernir os valores e noções colocados em oposição. Emanuel torna-se, nesse mascaramento, um emissor e reprodutor do preconceito cravado no imaginário social:

> EMANUEL: [...] É por isso que essa negrada não vai para a frente. Tantos séculos no meio da civilização... e o que adiantou? Ainda acreditando em feitiçaria... praticando macumba... evocando desuses selvagens... Deuses?! Desuses essa histeria comem... bebe... dança... Até o amor eles fazem no candomblé. Deuses! Quanta ignorância![27]

Nessa primeira projeção, estigmatiza-se o signo negro como sinônimo de primitivismo, animismo selvagem e ignorância, em oposição à civilização representada pelo branco. A máscara ideológica da brancura veda a Emanuel

26. A. Boal, Notas de um Diretor de *Sortilégio*, em *Teatro Experimental do Negro, Testemunhos*, p. 150.

27. A. do Nascimento, *Sortilégio*, em A. do Nascimento (org.), *Dramas Para Negros e Prólogo Para Brancos*, p. 167. Todas as demais páginas referentes às citações dessa peça serão assinaladas no corpo do próprio texto. Ao leitor interessado nesse texto teatral, na bibliografia deste livro é possível encontrar uma nova versão atualizada dessa peça de Abdias editada em 2022 numa colaboração entre a Ipeafro e a editora Perspectiva.

a possibilidade de ver-se de modo alternativo e diferenciado. Ele quer ser o *outro*, numa projeção especular imaginária. Emanuel é escrito e inscrito, nesse primeiro movimento, como um simulacro, cujo desejo é ser uma transcrição do que o olhar paradigma do outro – branco – aponta como verdade, sentido e percurso.

A máscara branca, entretanto, não minimiza os obstáculos e preconceitos que intimidam a *persona* negra. O diploma de advogado de Emanuel não lhe confere nenhuma autoridade. Ao defender Efigênia, uma jovem negra de dezessete anos, recém-estuprada, ele se confronta com o delegado de polícia – metonímia do poder institucional – que lhe rasga a carteira, insulta a cliente, manda prendê-lo e espancá-lo. Seu diploma é ineficaz diante da sua condição de negro. O signo da negrura – sua cor e fenótipo – superpõe-se, na mente do delegado, ao signo da justiça. Emanuel advogado torna-se invisível como sujeito e visível apenas como estereótipo. O desejo de ser branco, por si só, não rompe a rede sintagmática que veicula o preconceito, mas, antes, engolfa e congela o signo negro como sinônimo e paradigma do *mal*. O namoro e o casamento de Emanuel com uma mulher branca alimentam o desprezo da sociedade e da própria família da noiva. Em síntese, no movimento das relações sociais dramatizadas pela peça, bloqueia-se, à *persona* negra, qualquer possibilidade de uma configuração mais íntegra como sujeito, ainda que ela se transvista em simulacro do branco. Desprezando a música e a dança negras, negando o culto dos orixás, afastando-se das raízes e memória culturais e dos signos que definem sua diferença, Emanuel abafa os elementos que organizam sua alteridade, contribuindo para sua própria marginalização e invisibilidade. Procedendo à entrada em uma cena de Emanuel, as filhas de santo – um coro que desliza entre o real e o sobrenatural – preparam uma obrigação[28] para Èsù, o orixá dos

28. Oferenda ritual aos orixás.

caminhos e fronteiras, que atrai o protagonista para reescrevê-lo. No processo de desmascarar, desvestir e desvelar a que se propõe o texto de Abdias, o jogo de máscaras adquire, também, uma função ritual, um campo de força entre o profano e o sagrado, uma alegoria que joga com o espelho das aparências e o reverso das imagens. Nesse processo, Èsù, que é, ainda, o orixá da multiplicidade e do movimento, funciona como o eixo propulsor da desconstrução, recriação, recomposição e reconstituição da personagem, que é evocada constantemente pelo coro das filhas de santo:

FILHA DE SANTO II: Será a cor um destino?
FILHA DE SANTO III (*convicta*): O destino está na cor. Ninguém foge do seu destino.
FILHA DE SANTO II: Preto quando renega a Exu...
FILHA DE SANTO I: ... esquece os orixás...
FILHA DE SANTO II: ... desonra a Obatolá...
FILHA DE SANTO III (*vigorosa*): Merece morrer. Desaparecer.
FILHA DE SANTO I: Palavras duras. Nossa missão não é de rancor.
FILHA DE SANTO III (*sádica, perversa*): Exu tremia de ódio, espumava de raiva, quando ordenou... "Eu quero ele aqui, de rastros, antes da hora grande."
FILHA DE SANTO I (*contemporizando*): Tremia. Não de ódio. Exu só tem amor no coração. Exu só faz o bem.
FILHA DE SANTO III: E o mal. Faz também o mal. A cólera de Exu vai desabar sobre a cabeça dele. Aqui, quando...
FILHA DE SANTO II: ...soar doze badaladas, Exu sai para a rua.
[...]
FILHA DE SANTO III (*continua sem ouvir*): De arrepiar os cabelos. Exu vai parar, vai confundir o tempo: passado e presente, o que foi e o que estiver acontecendo. (p. 164-165)

Essa fala oracular prenuncia a intervenção de Èsù e a aglutinação espaço-temporal, na qual o *flashback* da memória existencial de Emanuel constitui a voz narrativa teatral. A peça introduz, então, o protagonista, em um momento de fuga. Perseguido pela polícia, sob a acusação de ter matado Margarida, ele é levado a trilhar uma rota que, involuntariamente, o conduz a um terreiro de candomblé, espaço sagrado e mediador. Nesse cenário preparado pelas oferendas do coro oracular, se condensarão as diferentes realidades ou concepções do real dramatizadas pela mente de Emanuel. Ali, os discursos se cruzam, as vozes se intercalam, se justapõem ou se sobrepõem, reativadas pela memória alienada da personagem e pelas sugestões místicas que emanam do ambiente.

Sortilégio pode ser visto e lido como um intenso monólogo interior, através do qual são reconstituídas outras falas, diálogos e imagens de uma narrativa simultaneamente pessoal e coletiva. As imagens que irrompem desse monólogo cruzam-se em três planos de realidade alegóricos, como representações do universo social, psicológico e mítico-religioso do protagonista. Emanuel é uma voz e uma palavra que evocam um conflito interior, mas é também uma voz invocada e evocada pelo ritual religioso processado nas sombras do terreiro, que estimula sua reflexão e impulsiona sua metamorfose. Circundado pela perseguição policial e pelo ritual do candomblé, ele é forçado a fixar-se em um espaço sincrético que representa, ainda, a encruzilhada de sua própria existência. Entre a gameleira, árvore sagrada onde se encontra a lança de Èsù, e o peji[29], onde se ostenta a imagem do orixá, é que, verdadeiramente, ao parecer completamente encarcerado, Emanuel se movimenta. No espaço de interseção do terreiro, no qual se cruzam os sistemas de valores e crenças ocidentais e africanos, trava-se um duelo psicológico entre as duas culturas inscritas na mente da personagem, cujo efeito inicial é um desvestimento das inúmeras máscaras que moldam sua personalidade.

Cenário e espaço vital, o terreiro onde Emanuel se abriga tem um caráter simbólico e metafórico, que alude ao significado desse espaço nos rituais afro-brasileiros. Muniz Sodré sintetiza o valor simbólico desse lugar na cultura negra:

29. Altar das divindades.

> O terreiro seria o *campo* (o território de preservação da regra simbólica) delimitativo da cultura negra do Brasil, o espaço da reposição cultural de um grupo cujas reminiscências de diáspora ainda eram muito vivas. [...] Guardião de *axé* e de *auô*, o terreiro é, ao mesmo tempo, *aiê* e *orum*, matéria e antimatéria, lugar de irradiação de intensidades, de possibilidades de reversibilização para a sociedade global. [...] O limite que ele traz é o do ritual – que joga com a aparência, o segredo, a luta, a ausência de universalizações, a abolição da escravatura do sentido, esta operadora de encantamento e sedução.[30]

Como uma possível solução cênica, o próprio palco transforma-se em um terreiro, onde o ritmo constante dos pontos de invocação, as falas e imagens das personagens, a concepção plástica – signos visuais, máscaras, totens – e de movimento e gestos sugerem um *entrelugar* que aglutina os espaços temporais e os planos – real, mítico, místico e psicológico – que simulam o arcabouço mental de Emanuel. Os signos plásticos e sonoros harmonizam-se na configuração de uma atmosfera intimista, que propicia a liberação da fala do protagonista, que, nesse espaço vital de confluências e mediações, se reescreve. De início, inquieto e temeroso, num impulso de resistência, ele procura abrigar-se numa memória cristã, rezando a Ave-Maria e evocando a voz de sua mãe, querendo proteger-se da atração invocativa dos cantos rituais. A oração cristã, entretanto, é abafada pelo ritmo sonoro dos atabaques e pelas falas do coro oracular, que invadem sua mente e percepção, provocando o *stream of consciouness*, cujo efeito catártico libera uma fala terapêutica e mediadora.

O monólogo de Emanuel é pontuado pelas vozes do coro. Este replica suas falas, reproduz a fala de outras personagens e dos grupos sociais e culturais pelos quais se movimentara a personagem, além de ser, também, porta-voz da palavra dos orixás. Através da técnica de *call and response*, o coro desliza por diversos níveis de realidade,

30. M. Sodré, op. cit., p. 165.

traduzindo a multiplicidade de falas, que complementam, contradizem ou suplementam a fala de Emanuel. As outras personagens vão sendo traduzidas por acréscimo, como imagens fantasmáticas, significantes que se alinham na sintaxe enunciativa do texto, espelhos onde o protagonista se vê, é visto, se reconhece e com os quais se debate. O coro das filhas de santo funciona, nessa arquitetura, como um elemento estrutural, que harmoniza e integra os vários níveis de experiência revividos pela personagem, no seu momento de caos psicológico e encruzilhada existencial:

> As realidades social e metafísica da peça estão interligadas pela realidade psicológica. O elemento artístico que molda esses elementos encontram-se nas visões alternativas e no contínuo *stream of consciouness*. As Filhas de Santo alternam-se entre o coro grego e o alter ego de Emanuel. [...] Elas são um ligamento – uma exteriorização dos diferentes níveis de consciência de Emanuel e, como tal, proporcionam a coesão dos vários níveis de densidade do seu conflito metafísico.[31]

Sob o efeito das sugestões místicas e da corrente emocional que o engolfam, Emanuel, gradativamente, vai sendo possuído por uma vontade e uma personalidade que lhe parecem alheias, como se um outro Emanuel, estranho, mas, ao mesmo tempo, familiar, reassumisse um lugar no corpo e na mente do protagonista. Sob o efeito desse poder, ele bebe a cachaça de Èsù, fuma o charuto, acende o incenso, revira a farofa e o azeite de dendê, suplantando sua resistência inicial. Durante essa transformação, Emanuel confronta-se consigo mesmo através das imagens fantasmáticas evocadas por sua fala e pela voz do coro. Efigênia, sua ex-namorada, é uma das *imago* centrais que ele desnovela, de múltiplas conotações: por um lado, ela é um duplo de Emanuel, expressando o igual desejo de ser branca, de habitar a sociedade dos brancos, em cujo percurso se prostituíra; por outro, ela tece os contrapontos

31. F.M. Edwards, *The Theatre of the Black Diaspora*, p. 134-135.

que permitem a Emanuel rever-se pelo avesso, na medida em que, como o ideal antes desejado, lhe revela a natureza de simulacro em que ambos se transformaram. É, ainda, Efigênia que interfere na relação Emanuel/Margarida, desvelando o ritual de simulações e convenções a que ele se submetera. Nesse jogo de interesses, as três personagens formam uma imagem abismática, que se projeta ao infinito. Uma fala de Efigênia resume o desejo de Emanuel, que é, enfim, seu próprio desejo:

> EFIGÊNIA: [...] Vivia enrabichado pela branca. Uma obsessão. Só falava em branca, branca, branca. Uma vez peguei um caderno de poesia dele. Estava escondido, mas descobri. Sabem o que tinha? Um longo, inacabável "Cântico dos Cânticos à Eva Imaculada", colo de marfim... pele alva de neve... ancas alabastrinas... cabelos de orvalho amanhecente... Cretino! (p. 187)

A sinfonia de vozes ativada na e pela personagem reproduz os diversos discursos constituintes de sua personalidade, que moldam, em síntese, seu próprio corpo. Sua disponibilidade receptiva lhe permite rever-se para além das máscaras sociais, projetando um desnudamento psicológico que, aos poucos, se manifesta. O percurso da enunciação de Emanuel passa por três veredas subsequentes. No início, seu discurso reproduz a polaridade transparente da sintaxe social dos signos negro e branco como antônimos. Ele se reconhece, aí, como vítima, e a relação dominador/dominado emerge, em sua fala, como polos de uma oposição linear. Em determinado momento, ele diz: "Em todas as partes é o mesmo. Eles, os brancos, de um lado. De um lado, não... Por cima. E o negro surrado... roubado... oprimido, assassinado..." (p. 190). No movimento da peça, os contrapontos das várias vozes que emergem do seu *stream of consciouness* subtraem, da sua consciência, esse maniqueísmo simplista, dialetizando sua posição de vítima e opressor, não só com relação a si mesmo, mas também com relação a Efigênia. Na medida em que se aproxima o som das doze badaladas – signo da presença de Èsù, instante mítico significante em que a voz do coro ritual ascende na peça como fio mediador –, muda a dicção da personagem, que passa a questionar sua trajetória existencial, alinhavando criticamente o percurso dos seus desejos. Emanuel reconhece o exílio e o mascaramento a que, voluntária e involuntariamente, se submetera, movido pela coação social, mas, também, por uma opção que o assujeitava. Ele se lê, agora, como uma imagem múltipla, formada por um acoplamento de microimagens, miríades que se superpõem na concepção de seu ser. Defrontando-se consigo mesmo, Emanuel conscientiza-se do transvestimento que o tornava, simultaneamente, vítima e opressor. Desse reconhecimento, deriva um processo de desvestimento, literal e metafórico, da personagem, que se descasca diante do espectador, despojando-se dos signos que simulam seu aculturamento. À medida que é tomado pela vontade de Èsù, Emanuel despe-se das roupas *civilizadas*, significantes simbólicos do emblema da brancura que o enclausurara. Seu desnudamento simboliza, no tecido da representação, um ato de exorcismo psicológico e alegórico que, definitivamente, libera sua percepção.

Nesse processo ritual de desvestimento, passagem e metamorfose, Emanuel conscientiza-se de ter participado de um jogo de simulações, no qual fora a representação de uma representação, que o lia pelo avesso. O reconhecimento da representação em si transforma sua dicção. No discurso do reconhecimento, a enunciação múltipla, plurifocal, desvela os outros discursos como máscaras, no jogo de aparências sinuosas de significado ambíguo. Emanuel sabe agora que, mesmo ao mascarar-se de branco, internalizando um desejo social alheio e alienante, fingira para si e para os outros. O jogo de aparências regula a superposição de máscaras que se projetam como estratégia quase consciente de sobrevivência, construção simbólica e simbiótica, ilusão:

EMANUEL: Tomem seus troços. Com estas tapeações vocês abaixam a cabeça dos negros. Arrancam o orgulho deles. Lincham os coitados por dentro. E eles ficam domésticos... castrados... mansos... bonzinhos de alma branca. Comigo se enganaram. Nada de mordaça na minha boca. Imitando vocês que nem macaco. Até hoje fingi que respeitava vocês... que acreditava em vocês. Margarida muito convencida de que eu estava fascinado pela brancura dela! Uma honra para mim ser corneado por uma branca. Branca azeda idiota. Tanta presunção e nem percebia que eu estava simulando. (p. 163)

Nu, Emanuel pode, então, deixar-se habitar pela voz dos orixás, pelos mitemas da cultura negra, e rever-se não como um polo paradigmático em um sistema de oposição estrutural e social, mas, sim, como encruzilhada de discursos e sentidos. O nome Emanuel – que significa Deus conosco – é substituído pela invocação e pelo nome de Èsù, orixá que reveste a personagem. Essa renomeação representa a sua reintegração definitiva no universo discursivo, mítico e místico da cultura negra. Esta se torna, pois, um princípio restaurador da identidade, inscrevendo o sentido singular que fende as barreiras conceituais universalizantes e reducionistas. Emanuel recupera, assim, seu corpo, sua alegria, sua voz, seus orixás, seu nome próprio, no nome de Èsù:

EMANUEL: Conjuro as falanges do Exu-Rei.
CORO INTERNO (*grave, devagar, em tom litúrgico*): Sarava...
EMANUEL: Exu pagão!
CORO INTERNO: Sarava...
EMANUEL: Exu dos Ventos!
CORO INTERNO: Sarava...
EMANUEL: Exu das Trevas!
CORO INTERNO: Sarava...
EMANUEL: Exu Tranca Rua!
CORO INTERNO: Sarava...
EMANUEL: Exu das Matas!
CORO INTERNO: Sarava...
EMANUEL: Exu da Lua!
CORO INTERNO: Sarava...

EMANUEL: Pomba Gira!
CORO INTERNO: Pomba Giro ô ô... (p. 195)

No ato final de renomeação e de reinscrição, Emanuel se autodefine. Ele sabe que os policiais se aproximam para prendê-lo, mas é um indivíduo livre e liberado que se oferece em sacrifício aos orixás, entregando-se à lança de Èsù, empunhada pelas Filhas de Santo. Nesse contexto, a morte de Emanuel não representa um castigo da justiça divina, princípio que inexiste na concepção dos rituais africanos ou afro-brasileiros. Ela é uma oferenda voluntária aos orixás, uma oferenda por meio da qual a personagem restabelece sua ligação com a totalidade cósmica e repõe o equilíbrio pessoal e coletivo. Sua morte é, enfim, um ato ritual simbólico, que representa a concretização de uma passagem, de uma travessia cultural, social e psicológica.

Na formulação cênico-dramática do texto de Abdias, observa-se uma batalha intertextual entre dois polos significantes: Emanuel, sujeito aculturado, e Èsù, personagem que não é vista, mas cuja presença se impõe no cenário através dos vários signos que o evocam – coro, ritmo, cantos, máscaras, imagens, movimentos, oferendas. Pode-se conceber esse orixá invisível como um princípio estrutural semiótico, uma instância de mediação que pontua os conflitos do protagonista. Èsù expressa, na arquitetura temática e formal da peça, uma instância dinâmica da cultura negra, capaz de efetivar sua inscrição em um ambiente estranho e hostil, e não a forma residual de uma cultura dominada. Na estrutura de *Sortilégio* e mesmo no movimento de sua leitura e decodificação, Èsù é um significante organizador e promotor de sentido, que oferece possibilidades diferenciadas de volição e compreensão crítica do texto.

Assim é que a peça estabelece, inicialmente, uma antinomia entre o catolicismo e o candomblé, apresentados como sinédoques de duas culturas, sistemas de pensamento e percepção diferenciados, que se cruzam nos traços de identificação do sujeito negro. Como observa Augusto Boal, em um polo, estão a voz da mãe de Emanuel e ele próprio, rezando a Ave-Maria, e Margarida, símbolos da cultura branca dominante, inscrita na mente do protagonista; no outro, deslizam os orixás, as filhas de santo, os pontos e os signos rituais que representam a cultura negra[32]. Nesse confronto simbólico, Èsù funciona como um princípio de mediação e polivalência que desloca as noções etnocêntricas reducionistas e normativas. Ele provoca o processo de transformação de Emanuel, na medida em que faz derivar do drama social um percurso maior, descentrando os saberes, reagrupando os significantes internos, abrindo, enfim, para a personagem, a possibilidade de releitura e de autoinvestimento. Através de Èsù, a máscara da brancura se metamorfoseia na face da negrura, como trajeto, percurso, restituição.

Nessa antinomia, a locação de Èsù, simbolicamente desenhado como fio mediador, é perfeita, pois ele é um signo polivalente que problematiza a própria concepção de bem e de mal. No sistema mítico e metafísico iorubá, que sobrevive nos rituais afro-brasileiros, não prevalece nem predomina a oposição entre valores positivos e negativos. Nesse sistema, Èsù representa a coexistência de vários atributos, constituindo uma instância de totalidade. Dentre as suas qualidades, segundo Gates[33], destacam-se individualidade, indeterminação, infinitude, paródia, sátira, ironia, ambiguidade, sexualidade, ruptura e reconciliação, abertura e fechamento. Senhor das portas, porteiras e encruzilhadas, inclusive a dos discursos, Èsù é o orixá que interpreta o desejo dos homens e a vontade dos deuses, sendo um signo de mediação necessário para a emersão do sentido. Nos rituais, ele é o primeiro orixá a ser invocado, independentemente da divindade que se celebra, pois é

32. A. Boal, op. cit., p. 153.
33. H.L. Gates Jr., *The Signifying Monkey*, p. 6.

o princípio que propicia movimento e detém o poder de unir todas as partes. Nas narrativas orais africanas, Èsù é um *trickster*, que, se ignorado, pode confundir o entendimento e a compreensão, estando relacionado com a totalidade da representação coletiva e com o saber social:

> De fato, *Èsù* não só está relacionado com os ancestrais femininos e masculinos e com suas representações coletivas, mas ele também é um elemento constitutivo, na realidade o elemento dinâmico, não só de todos os seres sobrenaturais, como também de tudo o que existe. Nesse sentido, como *Olórum*, a entidade suprema, protomatéria de universo, *Èsù* não pode ser isolado ou classificado em nenhuma categoria. É um princípio e, como o àse que ele representa e transporta, participa forçosamente de tudo. Princípio dinâmico e de expansão de tudo o que existe, sem ele todos os elementos do sistema e seu devir ficariam imobilizados, a vida não se desenvolveria. [...] Assim como *Olórum* representa o princípio da existência genérica, *Èsù* é o princípio da existência diferenciada, em consequência de sua função de elemento dinâmico, que o leva a propulsionar, a desenvolver, a mobilizar, a crescer, a transformar, a comunicar.[34]

É importante observar, ainda, que o poder de Èsù de se multiplicar indefinidamente, sua natureza histriônica, representa a possibilidade de inscrição de uma pluralidade de significados no processo dos discursos. Em *Sortilégio*, esse movimento e essa função estão sugeridos na própria formulação das metamorfoses de Emanuel. É Èsù quem desloca a enunciação da personagem, reinventa sua figuração e dinamiza o movimento que propicia a efusão dos significados barrados pelas máscaras sociais. Assim sendo, Èsù é o próprio princípio da semiose, o que, na concepção peirceana do termo, corresponderia a um *terceiro*, o termo mediador entre o signo e sua referência, o objeto[35]. Ele é o

34. J.E. dos Santos, *Os Nagô e a Morte*, p. 130-131.

35. Segundo Peirce, a Semiose traduz-se pela geração e produção de signos. O signo, na concepção peirceana, pode ser definido como alguma ou qualquer coisa que está no lugar de outra coisa, representando-a. Sua natureza é triádica: como proposição, busca assemelhar-se à ►

princípio linguístico que liga, no processo da significância, o sujeito e o predicado e torna possível a elaboração e a geração de sentido:

> Frequentemente caracterizado como um copulador inveterado, que possui um enorme pênis, linguisticamente, Exu é a cópula última, conectando verdade e entendimento, o sagrado com o profano, texto e interpretação, a palavra (como uma forma do verbo ser) que liga o sujeito com seu predicado. Ele conecta a gramática da adivinhação com suas estruturas retóricas.[36]

Na partitura enunciativa de *Sortilégio*, essa mediação discursiva elaborada por Èsù atravessa a fala de todas as personagens, deslocando o próprio desejo que as move em momentos diferenciados: desejo de ser o outro, branco; desejo de possuir o outro e de ser por ele possuído; desejo de não ser; desejo de ser um mesmo; desejo de ser como o outro; desejo de ser e de estar. Emanuel catalisa todo esse movimento desejante na sua trajetória de transformação progressiva, visto que nele se detém e dele se afasta, simultaneamente. Nesse investimento sensorial, motor, psicológico e metafísico que, aos poucos, o reaproxima dos mitemas negros, ele se torna, também, uma instância de reinterpretação e um elemento sintático de conexão e inscrição de sentido, crescendo, nos polos sintagmático e paradigmático, como personagem-símbolo. Na metamorfose do protagonista, recaptura-se o sentido de um sistema de pensamento que engloba, em sua concepção, uma totalidade cósmica em contínuo movimento pendular de descentramento e recentramento, de distúrbio e harmonização, de ruptura e reconciliação, de fenda e

▷ coisa que representa, é um ícone, um primeiro; como existência opera uma relação dual, é um índice, um segundo; por significar, interpretar contextualmente, é um símbolo, argumento, convenção, nomeação, um terceiro. É enquanto um terceiro que o signo movimenta o processo de geração e produção de sentido *ad infinitum*. Ver C.S. Peirce, *Semiótica*, e J. Pinto, Os Caçadores da Arca Perdida, em *O Ruído e Outras Inutilidades*.

36. H.L. Gates Jr., op. cit., p. 6.

suturamento. Na estrutura polifônica de *Sortilégio*, Emanuel transforma-se num duplo de Èsù, uma imagem especular do orixá, uma instância do verbo ser. Assim, de uma experiência de fragmentação existencial deriva uma experiência de movimento e coesão, que reescreve um perfil de identidade, recentrando, como valor positivo, a alteridade racial e cultural, até então diluída nas malhas do sistema ideológico que rege as relações raciais ali encenadas. Essa mesma possibilidade de reconstrução da personagem, mediada pela cultura mítico-religiosa, é dramatizada na peça *Além do Rio*, de Agostinho Olavo. O autor apoia a concepção do drama em três bases: a tragédia grega, de que adapta o enredo, as cantigas folclóricas e os cantos dos ritos afro-brasileiros. Com uma estrutura predominantemente musical, cruzam-se, na peça, ritmos e tonalidades diversas, numa atmosfera de contrastes, em que se alternam tons e sobretons, pontos e contrapontos, que são acompanhados por dança, movimentos e gestos ritmados.

A caracterização das personagens reduz-se a alguns atributos sumários, sendo elaborada, principalmente, pela ação dramática e não por conflitos psicológicos. Toda a trama desenvolve-se em um período de 24 horas, prevalecendo a unidade de tempo da tragédia clássica. A exposição dramática e os segmentos que unem as ações das personagens são revelados pela fala e cantos dos corais que compõem o cenário – o coro de lavadeiras brancas, o de vendedores, o de enamorados e o dos escravos fugidos, que entoam pontos e ritmos africanos. Essas vozes constituem a linguagem diferencial que invoca Medea e é seu alter ego. A ação da peça se passa no Brasil, na segunda metade do século XVII. A falha trágica de Medea é revelada pelo coro de mulheres brancas, no início do primeiro ato: por amor a Jasão, o branco, vendedor e mercador de escravos, Medea traíra sua tribo, matara o pai e o irmão e entregara seu povo à escravidão. Trazida para o Brasil, a ex-rainha e orixá tribal vive isolada em uma ilha, com a ama e os dois filhos de sua união com Jasão. A fala e os movimentos ritmados das lavadeiras, bem como os lençóis brancos que se estendem pelo cenário, fornecem as imagens sonoras e plásticas iniciais, que se contrapõem ao som dos atabaques que vem das matas e à caracterização física de Medea – cor, vestuário, adereços. Esse contraste entre signos icônicos, visuais e sonoros, em oposição, caracteriza os dois mundos diversos, as duas visões de realidade que circunscrevem o mundo da protagonista. Esses contrapontos iniciais serão reproduzidos e reelaborados ao longo da peça, num jogo cênico que prima pelo estímulo das pulsões sensoriais.

O esquecimento cultural e o embranquecimento interior da heroína efetivam-se através do batismo cristão, que traduz uma marca de posse, no contexto do sistema escravista. Pelo batismo, a rainha Jinga tornara-se Medea e, desse modo, fora afastada das suas funções sacerdotais, de sua cultura e investida de um novo nome, de uma nova religião, de novos deuses. A ex-rainha, embora não seja, na verdade, escrava, acaba sendo-o ao compactuar com os desejos de Jasão, aceitar seu domínio, adotar o novo nome e portar-se como serva, apesar de sua altivez. Nomear é dominar. Nomeando Medea, Jasão simboliza, no traço linguístico, seu domínio, eclipsando as marcas de uma identidade cultural e individual que o nome Jinga ecoava, ainda. Ele estabelece, com sua posse, uma nova *verdade*, traduzida pelos valores e padrões de seu universo sociocultural. Nomear, então, passa a ser, também, uma corrupção e uma reinvenção. Jasão reinventa Medea, que é, agora, sua construção. A rainha Jinga, orixá de sua tribo, transforma-se em concubina submissa do senhor branco. O coro dos negros fugidos e o das lavadeiras representam essas bordas, as margens dos dois universos, entre os quais, sem nome originário, sem raízes e tradições, se movimenta Medea. O canto dos escravos e a voz da ama funcionam como seu alter ego, a voz da memória racial e cultural que ela procura obliterar e esquecer:

MEDEA (*cantando e dançando*):

Anagogô... auê... auá,
Anagogô... auê... auá,
Ogum já chegou,
Ogum vai baixar.
(*Da floresta responde o coro dos negros*):
Anagogô... auê... auá,
Anagogô... auê... auá.
Ogum já chegou,
Ogum vai baixar.

MEDEA (*parando bruscamente e lutando contra a atração do ritmo*): Não. Não quero ir. Não hão de me levar. Mas por que me chamam assim? Por que não param de tocar?

ANA: É o tantã de nossa gente. É a nossa raça, chamando a sua rainha Jinga.

MEDEA: Não me chames mais assim! Os brancos me batizaram Medea e eu prometi a Jasão.

ANA (*fazendo traços na areia*): O batismo não apaga a raça. É a nossa gente, Medea. Vosmicê tem que voltar.

MEDEA: Não sei o que é gente nem raça. Eu só conheço Jasão.[37]

A composição do cenário sugere o isolamento e a marginalidade de Medea, delimitando o seu espaço físico e existencial. O rio que contorna sua casa metaforiza os limites da protagonista, presa em um *entrelugar*, em uma terceira margem. A ilha, por si, simboliza a exclusão, pois institui as fronteiras dos dois universos: a sociedade branca, a que Medea só teria acesso como escrava, e o quilombo, a cujo apelo ela resiste.

Na função de antítese, Jasão representa um perfil do sistema dominante que seduz e retece o outro. Metonímia da brancura, modelo de etnocentrismo na dicotomia da peça, ele tenta moldar o outro, o diferente, à sua imagem e semelhança. Medea é, para ele, uma extensão de seu olhar e desejo, um eco das leis, normas e padrões que ele institui como verdade. Ela é, apenas e simplesmente, um

37. A. Olavo, *Além do Rio*, em A. do Nascimento (org.), *Dramas Para Negros e Prólogo Para Brancos*, p. 204. Todas as páginas referentes às demais citações dessa peça serão assinaladas no corpo do próprio texto.

objeto de prazer e reprodução, um corpo enunciado e eroticizado pelo homem/senhor, signo do poder masculino. A relação marginal dos dois representa a exploração absoluta da mulher escrava pelo homem branco, cuja união, raríssimas vezes, ultrapassou o nível da clandestinidade. Nesse con- texto, os filhos do casal são uma imagem especular do pai – são brancos e louros – e uma extensão da prisão cultural e racial de Medea, pois reproduzem, na cor, o seu próprio desejo especular de ser branca – "tão branca como a espuma do mar..." –, distanciando-se ainda mais dos índices da negrura.

O desejo de Medea de acomodar-se ao perfil traçado por Jasão abafa sua percepção do índice de realidade que a cerca e enclausura. Ela torna-se incapaz de decodificar os signos que revelam sua condição semisservil, sua posição de uma outra indesejável, de um corpo-objeto já abandonado pelo amante. O coro de vendedores e o de enamorados entoam cantigas alegres, comemorando o anunciado casamento de Jasão com Creusa, filha de Creonte, um rico latifundiário. Medea capta os sinais festivos, mas não consegue decifrar o significado barrado pelo seu desejo e mascaramento. O sentido dos cantos e da dança é-lhe revelado por Egeu, que, ironicamente, interpreta, para a ex-sacerdotisa, os signos que evocam o casamento próximo. O reconhecimento abrupto de sua real situação provoca o seu abatimento, antecedendo a reviravolta no seu comportamento e na sua ação subsequentes. Creonte, ao expulsá-la de suas terras, acentua o drama da protagonista, estimulando a reação e a ira que desencadeiam, de modo trágico, as peripécias do enredo.

Reconhecimento, ira e reviravolta são, ao mesmo tempo, causa e efeito da autoanálise de Medea e de sua consequente metamorfose. Ofendida em seu orgulho e paixão, ela se conscientiza da máscara e dos enigmas que interditaram sua identidade original e moldaram seu destino. É Jinga, rainha e orixá, que faz irromper, na ira de Medea, o fulgor do real, que desestrutura a teia imaginária.

É esse momento, existencial e paradigmático, que desloca seu desejo, cujo objeto passa a ser a necessidade de vingar-se e de recuperar a autoestima. Movida por essa pulsão, ela invoca as divindades tribais – Ogum e Èsù –, buscando reinvestir-se de suas funções sacerdotais.

A invocação de Èsù, como em *Sortilégio*, representa o *turning point* da personagem, a partir do que se abre a possibilidade de reconstruir seu desejo e de revitalizar seu poder de vontade, antes abafado. Reativando e estimulando, através dos orixás, seus atributos mágicos, Medea restabelece a ponte com as divindades africanas, com o fenômeno cósmico, procurando evitar o estilhaçamento psicológico. No movimento dinâmico da peça, as ações se sucedem, então, em um ritmo frenético, quase alucinado, enovelando o clímax de uma situação excêntrica, de uma rotação que busca seu eixo. Como resultado imediato de sua ira e de seu movimento de reposição, Medea provoca a morte de Creusa, noiva de Jasão, asfixiada por um colar enfeitiçado que ela lhe envia como presente de casamento. Esse objeto-fetiche, no clima místico da peça, conota a ruptura da imagem comportada de Medea e a quebra do espelho imaginário, onde, até então, ela procurara definir-se por um olhar que espelhava o olhar de Jasão. A morte literal de Creusa é, também, metáfora das outras mortes que se sucedem, inclusive da morte simbólica de Medea, que se refaz como Jinga. Na atmosfera sombria da sua solidão, os cantos festivos cedem lugar aos lamentos fúnebres.

Entretanto, a passagem reversa, de Medea a Jinga, não é instantânea. Há uma suspensão, um espaço intermediário a ser superado pela protagonista, um novo rito de iniciação a ser executado. Entre as matas, onde se encontram os negros fugidos, e a ilha, há o rio, fronteira simbólica dos níveis de realidade entre os quais se posta Medea. A travessia do rio é o desafio da heroína, um ritual de passagem que pode revitalizá-la ou destruí-la. Sua solidão e o silêncio dos atabaques marcam esse momento de suspensão, de desafio. Sabendo serem os filhos o último

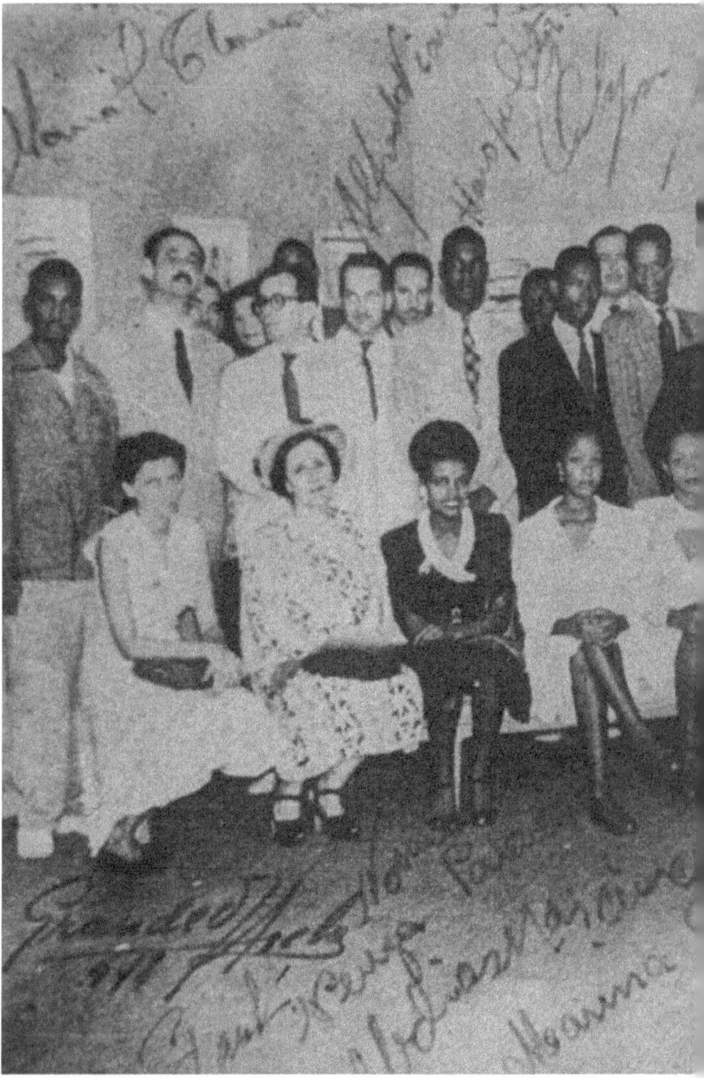

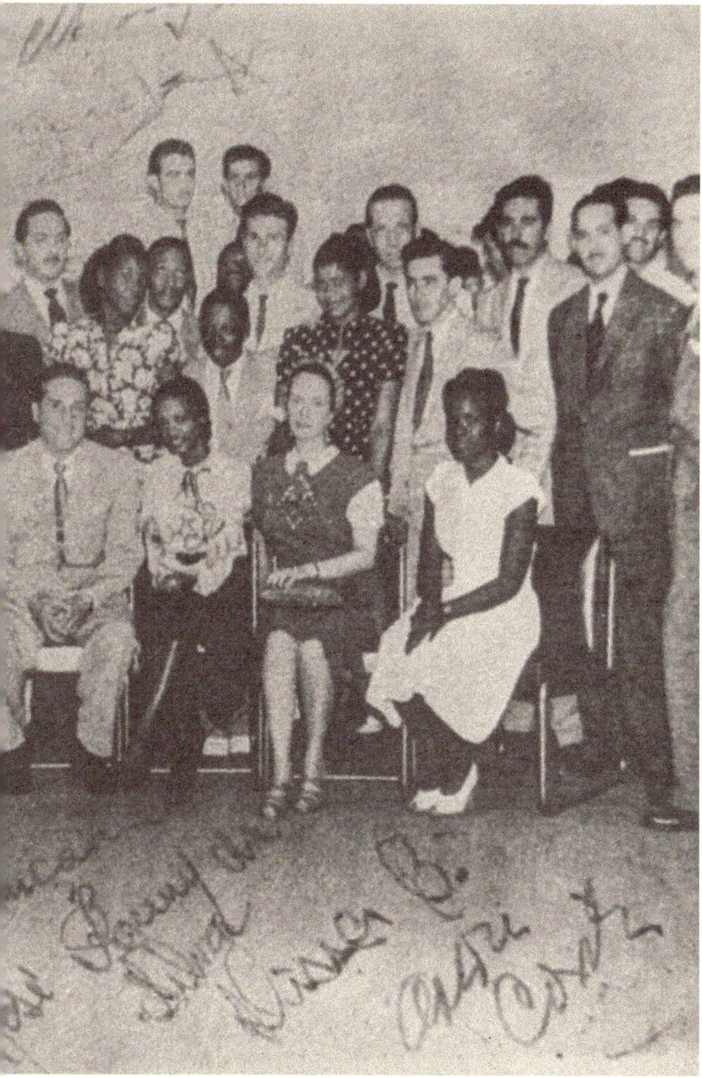

Membros do TEN *e convidados por ocasião do coquetel oferecido a Arturo Córdoba. Vê-se entre outros: Grande Otelo, Neuza Paladino, Haroldo Costa, Osório Borba, Solano Trindade, Orlando Guy, Luís Tito, Bruno Giorgi, Marina Gonçalves, Noêmia Santos, Dina e Fausta Conceição. (Acervo Ruth de Souza – Coleção* IBAC.*)*

elo significante de sua ligação com uma situação que quer deslocar e romper, Medea os encaminha para as águas, prevendo que as crianças não sobreviverão à passagem. A morte dos filhos simboliza um sacrifício pessoal de Medea e uma ruptura da rede de subordinação que a prendia. Seu gesto trágico é fruto de uma decisão pessoal, irreversível e inexorável. Como *pharmakós*, remédio e veneno, a morte dos filhos rompe, metafórica e literalmente, a prisão da mãe, simultaneamente punindo Medea e purificando Jinga:

> MEDEA: Vai, Medea, vai. Seja rainha outra vez. Toma o caminho da dor, aberto diante de ti. Reúne todas as forças, esquece que de teu corpo negro saíram dois seres lindos, de cabelos de ouro, os dois filhos de Jasão. Esquece as dores do parto, esquece os gestos primeiros e os doces beijos passados de suas bocas tão frescas. Esquece, Medea, esquece. (Segundo ato, p. 226)

A enunciação de Medea sintetiza o movimento dicotômico da peça entre lembrar e esquecer, entre memória e identidade, entre a cultura negra e a branca. Ao situar a ação dramática no século XVII, o texto de Agostinho Olavo enfatiza, nas imagens plásticas e sonoras, a oposição social, econômica e existencial gerada pelo sistema escravocrata. Medea representa, em seu isolamento, a impossibilidade, no sistema de relação dominador/dominado, de uma integração entre os dois universos, já que a escravidão, seja ela literal ou metafórica, pressupõe um esvaziamento do dominado, que é alimentado pelo desejo e poder do outro. Ela tem apenas duas opções: juntar-se aos escravos fugidos ou tornar-se, também, escrava – duas referências que representam dois modos de ser e de ação. O silêncio dos tambores acentua a necessidade de uma opção interior da heroína. Antes, os cantos a invocavam, mas, agora, é Medea que deve anunciar-se. Sua fala tem, portanto, o va- lor de um *fetiche*, de um objeto-coisa que, por si mesmo, deve evocar um poder e um saber singulares, autorreflexivos e, acima de tudo, voluntários. É, pois, Medea quem invoca seu povo e a voz racial, cuja energia impulsiona e facilita a travessia definitiva, através da qual ela cumpre o ritual de passagem que a reconcilia consigo mesma e com os mitemas coletivos. A passagem das águas simboliza, assim, a transição de Medea a Jinga, um novo ato de inscrição, de anulação do batismo cristão, a reapropriação de um nome originário e a inscrição de um discurso referencial que revitaliza a memória racial:

MEDEA: Vozes, ó vozes da raça, ó minhas vozes, onde estão? Não ouso cruzar o rio e tenho medo da ilha, de seu silêncio tão grande. Ó vozes da minha raça, ó minhas vozes, onde estão? Por que se calam agora? A negra largou o branco. Medea cospe este nome e Jinga volta à sua raça, para de novo reinar. (Segundo ato, p. 231)

Essa invocação e a resposta receptiva que lhe vem das matas, pelas luzes dos archotes e dos pontos entoados pelos escravos, quebram o clima trágico da peça e do mito grego, anunciando uma dança festiva, o revigoramento da luta e o compasso da alegria. A volta de Jinga tem, também, um efeito contestador. Ao reintegrar-se no quilombo, ela opta por uma estratégia de resistência e de reposição que a história do negro nas Américas confirma.

Encenando o rito de passagem de Medea a Jinga, o texto dramatiza, ainda, uma travessia cultural e uma substituição formal. O ritual da macumba, que saúda Jinga e abafa o tom trágico do mito e da forma gregos, no qual a peça se apoiara até aquele momento, descentra o modelo formal clássico deslocado por outros significantes conceituais, estruturais e dramáticos. A festa substitui o trágico, as luzes afastam as sombras, a vontade se impõe sobre o destino, os deuses não punem, mas recompõem, o ritmo estimula e eleva, a fala se insubordina e se enuncia. A voz dos atabaques, os gritos alegres, o ritual que engolfa o cenário liberam a última fala de Medea/Jinga, sublinhando os mitemas constitutivos que projetam a protagonista como um símbolo e um mito africano e afro-brasileiro, ofuscando o símbolo e o mito gregos. A estrutura coordenativa da fala final repete a tessitura paradigmática da narração mítica e dos mitos em si, transformando Jinga em um modelo arquetípico, um totem que a integra no panteão dos heróis afro-brasileiros, como Anastácia, Chica da Silva, Luísa Nahim, Gangazumba, Chico Rei e Zumbi dos Palmares. Essas figuras articulam e tecem uma história que não circula no discurso dos manuais, mas que marca uma sintaxe de resistência, construindo fendas no sistema escravista, burlando o poder, estruturando-se no avesso do perfil para elas desejado. A enunciação coordenada da protagonista repele as conjunções subordinativas e traça uma vontade referencialmente localizada:

> MEDEA: Ainda tocam o ponto. Ainda precisam de mim. Ainda sou rainha. Ainda sou preta e orixá. (Segundo ato, p. 231)

Na concepção de *Sortilégio* e de *Além do Rio*, predominam muitos dos elementos que representam a visão de mundo e a tessitura dramática e teatral próprias do pensamento e das formas de expressão artísticas africanas e afro-brasileiras, imanentes nos rituais religiosos, intertextos com os quais as peças dialogam. Importa-me ratificar que, nessas peças, o ritual não é utilizado como um artifício parasitário, ou como uma forma residual que reproduz mecanicamente um modelo ancestral, ou que celebra, estaticamente, por simples repetição, a memória étnica coletiva. O ritual não é concebido, aí, como uma forma fixa, não transformada. Ele é apreendido, sim, como uma forma em movimento, cotidianamente reatualizado pelo processo contínuo e pulsional da comunidade. Não há, portanto, nas peças, um simples retorno nostálgico ao mesmo, ao idêntico e ao arcaísmo, mas um movimento de transcriação dinâmico, que exprime uma potencialidade, da qual podem derivar, ainda, a reordenação e a mudança sociais. O arcabouço do rito, que transforma esses textos em verdadeiras funções rituais, apresenta uma natureza móvel essencial que conjuga os tempos pretérito e presente numa atividade compacta, engendrando uma representação conceitual e formalmente dinâmica. A arquitetura ritual movimenta problemas e questões contemporâneos e sincrônicos, no caso de *Sortilégio*, numa forma ancestral que não se fossilizou, mas que é, na verdade, reatualizada e recorrente na concepção expressiva de um universo coletivo. Essa mesma forma provoca a releitura desuniversalizante do passado, no caso de *Além do Rio*, dirigindo a atenção do espectador para o reconhecimento de uma possível história alternativa. Ela propõe, ainda, em ambos os casos, uma reelaboração ou, mesmo, uma substituição dos modelos teatrais ocidentais. Esses são apropriados, revistos, refeitos e repostos, em seu desenho, por uma outra possibilidade do ser e da forma, por uma reinvenção que formula uma construção nova e inovadora em muitos aspectos. Não há, nos textos aqui explorados, uma pura e simples celebração de outros deuses, de outras civilizações, de outros sistemas de valores e visão de mundo, de outra arquitetura cênica. Existe, sim, e além de tudo, a projeção e a restituição cênica dramática de outros saberes, de outras verdades, de outras formas de expressão, tão legítimas e saborosas, tão polivalentes e significativas, quanto as que a história e a memória ocidentais nos ensinaram a respeitar, fruir e admirar.

Os rituais das religiões afro-brasileiras exprimem e traduzem, tal qual a tradição africana de que provêm, a concepção de que o ser humano é um objeto fenomenal em uma totalidade cósmica, na qual coexistem, sincronicamente, a instância material e a instância divina. No pensamento africano tradicional, de que esses rituais dão testemunho, o mundo dos orixás e de Olorum não está situado em um espaço excludente, em uma esfera inatingível e inacessível, a que o ser humano só pode pretender aproximar-se ou integrar-se através da morte ou da redenção místico-espiritual. Segundo Wole Soyinka, para o africano, o ser humano e as divindades participam de uma necessária integridade e complementaridade cósmica e de um mesmo fenômeno universal. Assim, o mundo existe numa totalidade que exprime a consciência de sua natureza terrena e a percebe como inseparável de todo o fenômeno cósmico[38]. Através dos rituais de iniciação, invocação, possessão e outros, o ser humano conserva dinâmica a ligação entre o humano e o sagrado, mantendo em circulação contínua as energias motrizes e vitais, das quais depende o equilíbrio cósmico. Simbolicamente, as divindades são identificadas como seres intermediários e como princípio de mediação entre as dimensões humana e divina, cuja essência o ser humano pode, então, antecipar e prefigurar. Por meio do rito, o ser terrestre se integra na rotação cíclica do tempo e do espaço. Soyinka aponta, ainda, que o cenário do drama ritual dos deuses é o cosmo em sua totalidade. Enquanto a narrativa épica celebraria a vitória do ser humano sobre forças que ameaçam sua integridade e preservação, o drama ritual, como o rito religioso, dá expressão a uma inquietude mais profunda, teatralizando o fenômeno do ser e do não ser[39]. Essa ligação estreita entre o humano e o divino, na cosmovisão ritual africana, é sintetizada por Soyinka em um provérbio iorubá: "*Bi o s'enia, imole o si* (*if humanity were not, the gods would not be*)", se a humanidade não existisse, os deuses não existiriam[40].

No *modus operandi* do rito africano, inscrito em *Sortilégio* e em *Além do Rio*, a invocação e evocação das divindades e a sua mediação ostensiva através do e no ritual tornam possível restaurar a harmonia pessoal e coletiva, suturar fendas e restabelecer o vigor pessoal e coletivo:

> Desde que se sabe que a falha humana produz certas consequências desarmônicas para a sociedade, ela também requer a busca por

38. W. Soyinka, op. cit., p. 3.
39. Ibidem, p. 2.
40. Ibidem, p. 10.

atividades remediadoras, e é este ciclo que assegura o constante processo regenerativo do universo. Ao trazer os deuses para dentro deste ciclo, garante-se também uma continuidade da regra cósmica, que envolve os mundos dos ancestrais e dos que vão nascer.[41]

Sortilégio e *Além do Rio* dramatizam esses *modus* de pensamento no diálogo que estabelecem com os rituais religiosos afro-brasileiros. A reposição dos mitemas psicológicos de identificação dos protagonistas, Emanuel e Medea, é operada por intermédio dos orixás e do rito, catalisadores das energias vitais que lhes permitem recompor-se, emocional e psicologicamente, e superar, em certos níveis, os limites impostos por uma sociedade discriminatória e coercitiva. A mediação dos orixás libera a fala das personagens e pontua sua dicção nos ritos de passagem por elas cumpridos. Os protagonistas emergem, assim, de uma experiência fragmentária, fortalecidos e imbuídos de uma responsabilidade coletiva. Desse modo, Emanuel e Medea são signos metonímicos que expressam um *ethos* cultural e racial distintivo. Qual Prometeu, eles renascem da experiência de transição como transmissores de uma essência revitalizadora para a comunidade negra representada, no interior das peças, por coros e vozes variados.

Essa tentativa de se produzir textos que se assentem no ritual não é exclusiva do Teatro Negro. Segundo Harry J. Elam, dramaturgos estadunidenses, como Peter Brook e Richard Schechner, por exemplo, pesquisaram, nas décadas de 1960 e 1970, na América do Sul e na África, as manifestações rituais, procurando "recapturar a essência do ritual na performance do seu trabalho"[42]. No Brasil, o Teatro Oficina e o Teatro de Arena, em algumas de suas montagens, trilharam essa via, experimentalmente. No entanto, um dos aspectos que distingue essas tentativas da modalidade cênico-dramática que caracteriza o teatro

41. Ibidem, p. 18.
42. H.J. Elam Jr., Ritual Theory and Political Theatre, *Theatre Journal*, v. 38, n. 4, p. 463.

ritual negro traduz-se no propósito explícito deste último de não utilizar o ritual apenas como subsídio decorativo. Busca-se, no ritual, uma forma de expressão simbólica recorrente e espontânea que, de certo modo, não apenas explicita uma concepção estética, mas também evoca um modo diferenciado de concepção e percepção da realidade em toda sua formulação.

No Brasil, a sobrevivência territorial alastrada dos rituais religiosos e dramáticos de origem africana e indígena propicia, por si só, um terreno fértil para a apropriação teatral secular, na elaboração de textos como *Sortilégio* e *Além do Rio*. Nos Estados Unidos, entretanto, os deuses e religiões africanos foram eclipsados pela metafísica cristã-protestante, o que não apagou, porém, a forma teatralizada da cultura afro-estadunidense. Em sua manifestação, permanece uma textura ritual teatralizada de origem africana, presente nos *spirituals*, nos *blues*, no jogo dos *dozens*, na mímica, no serviço religioso das igrejas negras, entre outros. O campo é fértil, pois a cultura negra nas Américas, por diferentes veredas, manteve, em sua arquitetura discursiva, secular ou religiosa, muitas das formas de manifestação que remetem à expressividade própria das culturas africanas. Ossie Davis, na peça *Purlie Victorious*, e James Baldwin, no texto *Amen Corner*, por exemplo, utilizam como intertexto a forma teatral do serviço religioso das igrejas protestantes negras, em um dialogismo estilístico facilmente identificável pelo espectador. Outros autores, como Amiri Baraka, deslocam-se da atmosfera mítico-religiosa, sem se distanciarem do ritual da performance, procurando orquestrar, na concepção do texto teatral, os elementos rituais da memória e do cotidiano culturais. Cenicamente, esse tipo de texto, antes de ser dramático, propõe-se a ser ritual, estimulando valores e padrões de comportamento que buscam motivar, estética e politicamente, uma resposta e uma participação coletivas. Nessa última via, escolhi *Slaveship* (Navio de Escravos), de Amiri Baraka (LeRoi Jones), como objeto de reflexão.

Slaveship é um texto sintético, um *script* breve, que não se apoia em um enredo ou estória convencionalmente delineados, mas que se apresenta como uma alegoria, de intenso apelo sensorial, que simula a travessia do negro da África às Américas. Entretanto, em sua composição, o texto provoca um efeito de estranhamento pela própria linguagem do autor, pelas direções que estabelece, pelo compasso rítmico de uma enunciação em *off*, arquejante, entrecortada por frases curtas e onomatopeias, pela própria concepção sinestésica que o autor acentua em cada instrução. Baraka procura criar um texto-evento, que quer envolver o espectador/leitor em um projeto de reconstituição e releitura da história sob o ponto de vista do dominado. Essa história, no entanto, não é apresentada por referências factuais e documentais, mas constrói-se pela via da sensação, do sentimento, da polifonia de cores e sons que, por si sós, projetam uma narrativa que se poderia chamar de história sensorial. É através do estímulo da sensação, de mimetização da dor, da audição e do esforço emocional que se faz essa história:

> Jones não nos apresentou um retrato histórico preciso em *Slaveship*, mas uma interpretação e uma moderação da história, de acordo com seus próprios propósitos. Assim, a peça move-se da história social para a história mítica ou ritualizada. A peça pretendia sensibilizar a plateia para com as realidades históricas que moldaram suas vidas. Como uma crônica da passagem dos negros, da escravidão aos tempos contemporâneos, *Slaveship* omite qualquer referência à Guerra Civil ou à Emancipação. Assim, ao sustentar que a experiência de opressão contra os negros foi contínua e sem alívio, Jones esperava que o ultraje sentido pelo público, devido às suas próprias condições sociais atuais, fosse mais persuasivo e intenso.[43]

O texto, concebido, portanto, mais como um evento do que como uma história, não se sustenta na linguagem verbal, na narração de um enredo com diálogos, personagens e cenas

43. Ibidem, p. 465.

convencionais. Ele se tece por meio de uma aglutinação dos mais variados signos – vozes, murmúrios, burburinhos, vocativos, gritos, barulhos diversos, sons de correntes, chicotes, choros, risos, marulhos, cheiros diferentes (fezes, incenso, suor), cores sombrias, luzes opacas, sombras, movimento e música. Esse agrupamento semiótico, de estimulante efeito sinestésico, provoca uma sensação brutal, compacta, da qual emerge o clima de terror, sofrimento e desespero que envolve o espectador e lhe aguça todos os sentidos, pois a plateia é engolfada pela atmosfera da peça, tornando-se, ela mesma, parte do espetáculo.

Para simular dramaticamente a realidade opressiva do negro, desde sua saída forçada da África até os dias contemporâneos, Baraka articula, no espaço atemporal do texto, três momentos projetados em contínuo: 1. o horror da captura e da travessia marítima em um navio negreiro; 2. a vida do negro escravo nas plantações; 3. a vitória e a libertação finais, no momento presente, geradas por uma revolução. O título da peça tem uma função metafórica e metonímica, além da conotação literal do termo. Ele traduz os horrores do navio negreiro em si, a situação limite do dominado, objeto comercial, coisificado. É metáfora da posição de enclausuramento do negro pelo branco na história americana e, também, sinédoque de toda uma travessia histórica e cultural que se faz com desconforto, revolta e luta. Em termos espaciais, toda a ação parece decorrer nesse navio literal e alegórico, que captura os atores e os espectadores, numa atmosfera de meia-luz e escuridão. Na montagem da peça em 1969, em Nova York, o teatro de arena foi modelado para sugerir, em seu todo, um navio negreiro. O público foi acomodado em bancos de madeira pouco confortáveis e a atmosfera do teatro procurava evocar a memória da travessia histórica, em todo o seu horror:

> O palco em si [...] era uma concepção brilhante da metáfora central da peça, sugerindo, através de um ritmo oscilante, não apenas o movimento do oceano enquanto o navio negreiro o cruzava,

mas a insegurança estrutural do negro, não só como escravo a caminho da América, mas também como um cidadão depois de sua chegada e assentamento. [...] O nível mais baixo do cenário, o buraco negro, forçava a plateia a curvar-se para ver o que estava acontecendo na primeira parte da peça.[44]

O primeiro momento evocado pelo texto, o da travessia em si, abre o espetáculo, em um cenário assim descrito:

Todo o teatro às escuras. Escuridão. Por um longo tempo. Simplesmente escuridão. Sons ocasionais, como o barulho do navio, grunhidos, movimento das ondas. Cheiros marítimos. Em escuridão. Mantenha o público no escuro e, gradualmente, intensifiquem-se os odores do mar e os sons do mar e os sons do navio. Queime incenso, mas faça surgir um odor significativamente engolfador. Urina. Fezes. Morte. O processo vital diluindo-se. Comer. Esses cheiros e gritos, a chicotada e a lágrima do açoite, numa atmosfera de um sentir total, devem ser obtidos de qualquer modo.[45]

O completo estupor e assombro de uma situação tão intensa e sensorialmente dramatizada, processada nas sombras, envolve o espectador. Impossibilitado de ver, Baraka fá-lo sentir, pelo olfato e pela audição, o arrastar das correntes, o chicotear dos açoites, a risada dos marujos, o som abafado dos atabaques, as invocações a Xangô e Obatolá, o grito dos homens e mulheres escravizados, o choro das crianças, o desespero da mãe que mata o filho e, em seguida, se mata, a violência do estupro, a inoperância da resistência, o sacolejar do barco. Essa conjugação e condensação dos signos figura uma atmosfera de agonia, dor e espanto que captura o espectador, ele mesmo enclausurado pelos estímulos sensoriais e emotivos. Essa primeira fase é interrompida pelo grito de um escravo anônimo, grito que precede o silêncio, o evanescimento dos sons marítimos e o murmúrio lamentoso dos escravos:

44. Isaacs apud ibidem, p. 469-470.

45. A. Baraka, *Slaveship*, em *The Motion of History and Other Plays*, p. 132.

MAN 3: I kill you, devils. I break these chains. (*Sound of men struggling against heavy chains*) I tear your face off. Crush your throat. Devils. Devils.[46]

O anonimato das personagens, arroladas como *slave*, *man*, *woman*, *preacher*, *voice*, contribui para a criação da metáfora de escravidão coletiva e indiscriminada do negro, em oposição ao branco-opressor, sublinhando, nessa narrativa alegórica, as funções e posições que dialetizam as próprias relações de poder. Não há, no texto de Baraka, indivíduos dominados ou dominadores, mas seres coletivizados, anônimos e discursivamente uniformes, que ocupam esses lugares.

Quando as luzes se acendem, está-se no cenário de uma plantação não localizada temporalmente. Aí, o texto encena um contraponto entre duas imagens de negro: de um lado, o escravo servil, o *uncle Tom*, de chapéu na mão, em um movimento automático e contínuo da cabeça, traduzindo um gesto afirmativo de subserviência que Baraka ridiculariza; do outro, em oposição, cresce a voz dos escravos rebeldes, tramando uma reação diante da indiferença do pastor, um duplo do *uncle* Tom. Enquanto os registros oficiais obliteram as revoltas dos escravos e sublinham a sua submissão, o dramaturgo acentua esta última, um mote contínuo e persistente no texto:

SLAVE 1: Reverend, what we gon'do when the white man come?
SLAVE 2: We gon' cut his fuckin' throat.
SLAVE 3: Devil. Beast. Murderer of women and children. Soulless shit eater![47]

46. Ibidem, p. 137; "Eu mato vocês, demônios. Eu quebro essas correntes. (Som de homens lutando contra correntes pesadas.) Eu quebro sua cara. Esmago sua gaganta. Demônios. Demônios."

47. Ibidem, p. 139; "ESCRAVO 1: Reverendo, o que vamo fazer quando o homem branco chegar?
ESCRAVO 2: Nós vamo cortar a porra da garganta dele.
ESCRAVO 3: Demônio. Besta. Assassino de mulheres e crianças. Desalmado comedor de merda!"

Denunciada a revolta, a gargalhada dos *senhores* e os gritos dos escravos punidos sucedem-se instantaneamente, ou se misturam. Os gritos e os risos continuam em um crescendo, que marca, também, uma passagem temporal em que essa situação de insubmissão e violência se repete, como uma cena congelada, uma imagem estática. De início, os escravos ainda se chamam por seus nomes de origem – Ifanani, Dademi, Akiyele, Moshake. As mesmas vozes, transpostas no tempo, passam a evocar nomes cristãos e o próprio deus cristão, Jesus, marcando, como em *Além do Rio*, o processo de domínio físico e cultural do Ocidente. Esse domínio, entretanto, não se faz absoluto, à medida que o texto mistura as referências africanas e ocidentais na voz dos escravos, mimetizando o cruzamento das culturas e a eclosão de uma expressão nova. O surgimento dessa cultura embrionária é metonimicamente sugerido pelo canto de um *spiritual*, uma forma musical distinta e diferenciada, que não é puramente africana ou ocidental, mas afro-estadunidense. Vale sublinhar, como assinalei no segundo capítulo da Parte I, que o *spiritual* constitui uma forma de expressão que traduz não apenas uma modalidade musical rítmica original, mas também uma estratégia de resistência étnica, no movimento de edificação da cultura negra nos Estados Unidos. O texto recupera, na interseção das evocações, a forma embrionária dos *spirituals*:

ALL: Uhh. Uhhh. Uhhh. Obatala. Obatala. Save us. Lord. Shango. Lord of forests. Give us back our strength! (*Chains. Chairis. Dragging and grutting of people pushed against each otlier.*)
(*The sound of a spiritual. "Oh, Lord. Deliver me, oh Lord." And now cries of "Jesus, Lord, Jesus… Help us, Jesus…"*)[48]

48. Ibidem, p. 141; TODOS: Uh. Uhhh. Uhhh. Obatalá. Obatalá. Salve-nos. Senhor. Xangô. Senhor das florestas. Dê-nos de novo a nossa força! (Correntes. Correntes. Arrastados e grunhidos de pessoas empurradas umas contra as outras.)
(O som de um spiritual. "Oh, Senhor. Livra-me, oh Senhor." E agora clama de "Jesus, Senhor, Jesus… Ajude-nos, Jesus…")

O cantar dos *spirituals* e a linha musical que daí deriva assinalam a formação de uma cultura distinta, que vai sendo tecida nos vazios do sistema escravista, criando focos de resistência e de referências, que superam os emblemas ocidentais. Baraka capta, com muita eficácia, o papel do ritmo e da música na formação da cultura negra. No seu texto, a música – que faz referências aos *spirituals*, aos *bines*, aos *gospels* e ao *jazz* – exerce uma função polifônica e polissêmica. Como afirma Harry Elam, a música, em *Slaveship*, enfatiza e intensifica "uma resposta emocional da plateia ao navio negreiro e à escravidão", exprime o "revigoramento do espírito africano e da cultura afro-estadunidense" e celebra "o triunfo revolucionário final, traçando a experiência do negro". Através da música e do ritmo, Baraka elabora uma forma de expressão dramática estreitamente vinculada a um modo de percepção e modulação rítmicas, criando "uma poderosa experiência ritualística, para o público e para os atores"[49].

No último momento do espetáculo-evento, o dramaturgo simula o sucesso de uma revolta do negro, já no tempo atual, uma reviravolta vitoriosa, desfecho prospectivo simbólico de uma trajetória secular. Nesse projeto final, de conotação explicitamente política e pedagógica, ele sintetiza, em um pregador e em uma voz que se denomina "a voz de Deus", o grupo branco dominante que é, então, abafado, eclipsado. Há, aí, uma bipolarização ostensiva entre duas Américas – uma negra e outra branca. Essa dicotomia reproduz o próprio contexto social dos Estados Unidos nos anos 1960 e serve como alegoria da situação racial conflitante do país. Daí o efeito catártico que a revolta simbólica da peça efetua, fazendo suceder à luta o apogeu da festa e da dança, cujo caráter de celebração ritual revitaliza a memória coletiva.

Em um artigo intitulado "Blueprint for Negro Writing", Richard Wright afirmava que o escritor, ao tratar

49. H.J. Elam Jr., op. cit., p. 470.

o negro como tema, deveria ter consciência do processo constitutivo da cultura negra como um todo. O artista deveria, ainda, ter "o conhecimento do contexto social e emocional que dá o tom e a consistência do detalhe dessa cultura"[50]. Baraka, em *Slaveship*, busca recapturar esse sentido do todo, simulando, em um tempo compacto, a travessia histórica e cultural do negro, em seu percurso de autoafirmação, de passagem de *objeto-coisa* a *sujeito*. Para tanto, ele constrói um texto com uma função marcadamente ritual, que procura reatualizar, cenicamente, arquétipos da memória mítica, expressiva, histórica, emotiva e artística do negro, de modo envolvente e globalizante. Como bem observa Oliver Jackson, a intenção última desse tipo de evento é tornar-se "uma força moral benéfica em sua sociedade", pois ele deve sua necessidade à ordem social e cósmica: "Ele é ritual – não drama – e tudo na peça deve ser uma descrição do poder contextual que o ritual pretende invocar. Entretanto, ele pode ser dramático e empregar todos os ardis do drama"[51]. Acrescente-se, com Kimberly Benston, que "a experiência histórica afro-estadunidense a que se recorre em *Slaveship* é produto do evento, da memória e da emoção comunitária"[52]. Desse modo, o processo de identidade cultural e de autoafirmação do negro em *Slaveship* é, simultaneamente, um efeito de memória e uma função prospectiva desejante.

A celebração final presente em *Slaveship* e em *Além do Rio* não representa, no contexto das peças, uma elisão, ou obliteração da ação. Pelo contrário. O estágio de aglutinação coletiva, via identidade cultural e/ou racial, ali encenado, pode, também, preceder a prática e a posição políticas e, mesmo, fazê-las daí derivar. A reorganização do *ethos* pela radicalização da leitura ritual não se opõe,

50. R. Wright, Blueprint for Negro Writing, em A. Gayle Jr. (ed.), *The Black Aesthetic*, p. 343.
51. O. Jackson, Kuntu Drama (Preface), em P.C. Harrison (ed.), *Kuntu Drama*, p. XII.
52. K.W. Benston, *Baraka, the Renegade and the Mask*, p. 244.

assim, à ação, mas, antes, a celebra. Como um patamar possível de identificação, o ritual e a catarse repõem a cultura como corpo articulado, após a difusão provocada pela diáspora. Esse corpo, por sua vez, recupera o sentido do coletivo, base para um projeto político catalisador. A expressão da alegria e da catarse não se esgota, necessariamente, em si mesma nem se desassocia de outras possibilidades de posicionamento. Ela existe como uma possível via de passagem e uma potência no universo que as peças dramatizam.

Ato Ritual

Nas peças aqui estudadas, o texto ritual, advenha ele de uma matriz religiosa ou profana, é utilizado como um modelo básico, um pré-texto organizador de sentido. Considerando *Sortilégio*, *Além do Rio* e *Slaveship* como "objetos representados ou a representar, como signo-teatral, palavra proferida"[53], pode-se inferir uma série de significantes que produzem uma imagem cênica e um discurso dramático singulares, em muito similar ao teatro ritual-africano, entre eles: a concepção espaço-temporal; a caracterização plástica do cenário; a composição gestual, de movimento e ritmo; a coreografia de tons cadenciados; o jogo de luzes e sombras na construção de uma atmosfera propícia ao envolvimento psicológico e sensorial da personagem e do público; a utilização ostensiva de signos olfativos, táteis, sonoros e visuais; além do englobamento da plateia numa totalidade partici- pativa e pulsional.

Em *Sortilégio* e *Além do Rio*, os pontos sagrados, as vozes dos coros e a linguagem dos instrumentos de percussão repetem o padrão de invocação e resposta próprio do código ritual; a manipulação da iluminação do cenário produz uma atmosfera oracular intimista, propiciando a

53. Expressão utilizada por M.-J. Hourantier, op. cit., p. 16.

metamorfose das personagens; a dança, os gestos e o movimento rítmico traduzem uma coreografia de expressão ritual; o uso, figurado ou literal, de totens e máscaras, de função sagrada ou metafórica, e as oferendas sugerem a ligação entre o humano e o divino e uma totalidade cósmica, na qual todos os signos funcionam como símbolos de mediação, que desempenham papéis e funções significativas. Essa polivalência sígnica, também presente em *Slaveship*, instaura um código de significância específico e singular, produzindo, como nos rituais, uma realidade própria, autorreflexiva. Esses textos revelam, em síntese, uma concepção dramática iconográfica e sinestésica, por excelência, na qual os signos sonoros, plásticos, olfativos e de movimento sugerem um espaço total, um microcosmo e um sistema simbólico completo. Para Wole Soyinka, todos esses recursos são válidos na construção de um teatro que, em última instância, procura simular o cosmo:

> Som, luz, movimento, até o cheiro, tudo pode ser usado e tem validade para definir o espaço. O teatro ritual se utiliza de todos esses instrumentos de definição para concretizar, para assemelhar (esta é talvez a melhor descrição do processo) as experiências ou intuições do homem, neste cada vez mais perturbador ambiente, que ele define, variadamente, como vago, vazio ou infinito.[54]

Nesse espaço cênico total, os signos sonoros adquirem uma função complexa, porque não são apenas fundo musical de apoio, mas signos que articulam o diálogo dinâmico entre todos os elementos cênicos, criando, no todo, uma linguagem invocativa e metafórica, que celebra a pujança do verbo e do corpo. Em *Sortilégio* e *Além do Rio*, a fala do protagonista, em contínuo diálogo musical com o canto coral e a voz dos atabaques, manifesta-se com um valor essencialmente terapêutico, revertendo uma experiência de fragmentação. O som é *voz* e é *coisa*, e é dele que emerge a fala que reorganiza o universo interior da personagem.

54. W. Soyinka, op. cit., p. 39-40.

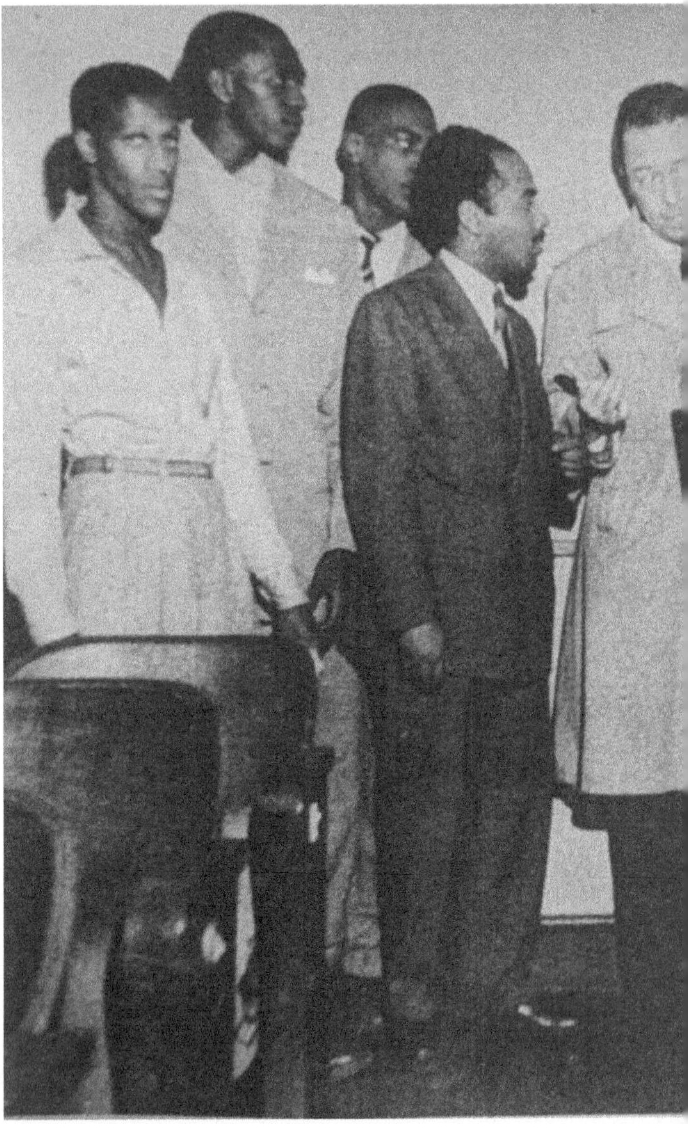

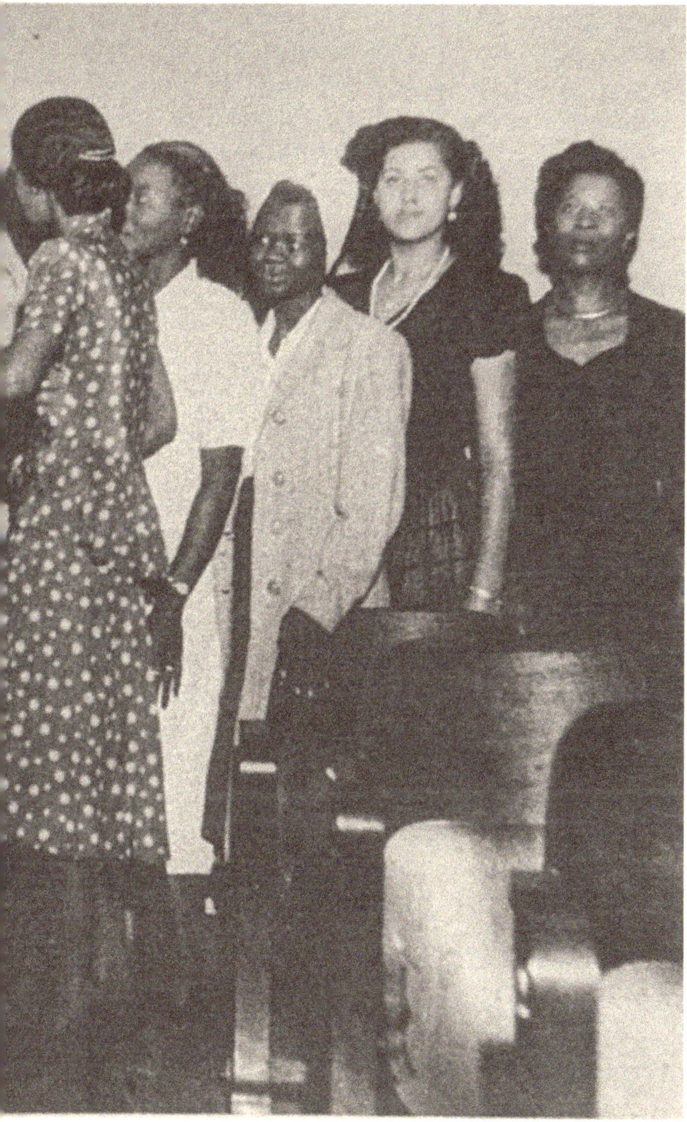

Albert Camus entre Ruth de Souza e Abdias do Nascimento quando da apresentação de Calígula. *Teatro Ginástico, Rio de Janeiro, 1949. (Acervo Ruth de Souza – Coleção* IBAC.*)*

Assim, a enunciação de Emanuel e Medea reconcilia, libera e socializa os protagonistas que crescem como símbolos de alteridade e resistência, cuja metamorfose tem o sabor e o valor de uma reafirmação cultural coletiva.

Na partitura cênica de *Slaveship*, a música é, ostensivamente, um signo privilegiado, que orquestra os vários signos sensoriais e linguísticos do texto. Como bem definiu Kimberly Benston, em *Slaveship*, "Baraka elevou a música à posição dual de metáfora central e veículo teatral principal", pois o texto rege os sons musicais em variados e diversos níveis de asserção e concepção cênico-dramática. Porque, na peça, "todo efeito de sentido e toda condição física é representada pelo som", principalmente esse texto, em síntese, produz uma experiência sensorial que se traduz muito mais pelo ouvir do que pelo ver[55]. A experiência musical, conforme é orquestrada em *Slaveship*, transcende o próprio espírito trágico da situação histórica, impondo-se como metáfora de uma construção étnica. O ritmo dos tambores, os cantos de *spirituals*, *gospel* e *jazz*, o timbre dos saxofones reconstituem a memória musical do negro estadunidense, fomentador de novos ritmos e de novas tonalidades. A comunhão final dos atores com o público, o evento festivo que conjuga vários ritmos musicais com a dança, sublinha o movimento ritualístico da performance. O ritual de celebração final tem, assim, uma dimensão simbólica e mítica:

> Na verdade, ao criar imagens básicas de renascimento, com sensações seguidas de magia, sedução e encantamento, Baraka transplanta a plateia para o campo mais fundamental da cerimônia tribal, da qual surgiram os dois grandes períodos do teatro ocidental (grego e cristão), e no qual vivificou o espírito arquetípico africano.[56]

Em toda sua arquitetura, *Slaveship* produz uma linguagem-síntese de função ritual, que se pode ouvir como uma

55. K.W. Benston, op. cit., p. 250-251.
56. Ibidem, p. 254.

fala *griot*, que narra a história-fábula de um povo, de um lugar e de uma posição alternativos e autorreferenciais. Essa fala – escritura e voz, tecido e representação – tem o valor de um contraponto histórico, de uma terceira--margem, espelhando o outro – o negro – como signo de uma ostensiva diferença cultural, dramática e conceitual.

O teatro ritual, na África e nas Américas, assenta-se em uma premissa básica: o poder de invocar. Segundo Oliver Jackson, esse teatro é mágico, porque "procura produzir modificações de comportamento, através do uso combinado do poder da palavra, do poder da dança, do poder da música". E é, também, sagrado, pois busca realizar e cumprir uma função espiritual[57]. Seu projeto último é construir-se como uma força que promulga o bem-estar e a saúde da comunidade. Assim, todos os seus signos constitutivos são veículos ou instrumentos ideais e potenciais de estimulação do poder invocativo. Para Paul Carter Harrison, os textos de escritores africanos – como Wole Soyinka, Efua Sutherland – e de dramaturgos estadunidenses, como Lorraine Hansberry, Ossie Davis, Amiri Baraka, Douglas Turner Ward, Adrienne Kennedy e James Baldwin –, que se constroem conforme essa tradição ritual, fogem ao molde formal da trama expositiva, da cena modular intermediária, conflitiva e das resoluções finais. Ao contrário, esses textos se caracterizam "por uma concepção modal, similar à música negra", agrupando o tempo e o espaço, o espírito e o corpo, o social e o moral em "um único campo de força da realidade", como se o evento se localizasse em uma matriz de notas musicais desenhadas em uma escala que Harrison denomina "B. Fiat". É nessa matriz tonal que as transformações se processam, orquestrando luzes e sombras, a metamorfose das personagens, o uso animista da máscara-objeto, as canções, os ritmos, a dança[58]. A imagem cênica que se projeta

57. O. Jackson, op. cit., p. XI.
58. P.C. Harrison (ed.), *Kuntu Drama*, p. 10.

dessa figuração e concepção cênico-dramática é dinâmica e fluida, visto que todos os signos em movimento transitam em busca de novas relações, escavando os sentidos e a potencialidade da realidade que se dramatiza.

Ao apoiar-se nos rituais religiosos afros como intertextos constitutivos do discurso cênico-dramático, ao compor o texto escrito e o tecido da representação como um desenho ritual, na sua intenção político-pedagógica, na sua concepção cenográfica e metafísica, na interação que busca entre o palco e a plateia, na sua natureza de palavra invocativa, o Teatro Negro fecunda a cena ritualisticamente, recuperando, no teatro secular do Ocidente, uma das funções há muito obliterada e ofuscada: a afirmação de uma consciência cultural coletiva. Nessa vereda, esse teatro sublinha algumas formas de expressão africanas originárias, ostenta um sistema de valor e um modo de apreensão do cosmo diferenciado, retecendo a história de construção do negro e da cultura negra em territórios americanos. Em sua concepção estética e filosófica, em seu movimento ritual, o Teatro Negro sincroniza a fala e a memória do passado com as questões, projetos e discursos do presente, perenizando, assim, o sentido primevo da função teatral – sua natureza simbólica de ato ordinário, cotidiano, seu gesto de expressão melopeica do saber e do sentir humanos.

2.
NEGRO E BRANCO
NA COREOGRAFIA DO DESEJO

We wear the mask that grins and lies,
It hides our cheeks and shades our eyes,
This debt we pay to human guile;

With torn and bleeding hearts we smile,
And mouth with myriad subtleties. [1]

PAUL LAURENCE DUNBAR

Nos textos dramáticos e nas variadas manifestações do Teatro Negro abordados neste estudo, a questão da identidade insinua-se, com maior ou menor ênfase, como um mote instigante. Essa recorrência revela-se quer na construção de formas de expressão singulares, quer na

1. "Nós usamos a máscara que graceja e mente, / ela esconde nossas bochechas e ensombrece nossos olhos, / É o preço que pagamos à astúcia humana; / Com corações dilacerados e sangrentos nós sorrimos, / E falamos com miríades de sutilezas."

tematização que subjaz a essa construção. Como salientei no capítulo "Negro Que Te Quero Negro", a reflexão sobre a identidade racial e sua problematização é veiculada tanto no texto representado quanto no texto ensaístico, compondo um *leitmotiv* em toda a prática teatral negra.

No Brasil, os textos teóricos produzidos por intelectuais ligados ao TEN, textos estes disseminados em congressos, seminários e artigos, formalizam essa questão, ainda que timidamente. Nos Estados Unidos, entretanto, a reflexão sobre a identidade racial, sua constituição e formulação expressiva, captura a atenção do movimento intelectual entre os negros, acentuadamente nos anos 1960. Refletir sobre esse tema torna-se, então, uma forma de analisar criticamente os efeitos corrosivos do racismo na constituição do sujeito. Na atmosfera de ebulição que se espalha, nessa época, pelos Estados Unidos, a projeção de uma identidade racial, que realce a singularidade negra, reflete o desenho do negro, em todos os seus matizes, como um signo de valor positivo, em contraponto aos mitemas e símbolos europeus que, até então, predominavam como modelos miméticos. O combate contra a ideologia e a prática do racismo é exercido, no nível do discurso teórico e cênico, por uma linguagem que busca desmentir e corrigir a linguagem do racismo. No mesmo percurso, busca-se desvelar os mecanismos de asserção, reificação e circulação do racismo entre os brancos e os próprios negros. No universo brasileiro, dentro de suas limitações, o TEN procura exercitar essa mesma prática.

O racismo, em suas variadas práticas, instaura a violência da segregação, da discriminação, da marginalização econômica e social, dos tabus culturais e estéticos. E produz, perversamente, na mente do sujeito violentado, um efeito autodestruidor: a interiorização de uma linguagem que justifica essa violência, pois representa o sujeito marginalizado como antônimo e inverso do que se elege em paradigma do humano. A interiorização da imagem viciada molda a imagem que o sujeito constrói de si mesmo e funda as relações entre o sujeito e seu corpo, metonímia de sua raça. O combate a essa violência opera-se, nos anos 1960, por pelo menos duas vias: a problematização da rede de identificações normativas disseminada pelo *status quo*, através da qual se veicula a brancura como um ideal de ser; a figuração de uma *imago* do negro que se contraponha a esse ideal e se inscreva como um signo alternativo, refletor de outros modelos de contemplação e identificação.

Uma frase símbolo dessa década – *Black is beautiful* – é uma metonímia da reflexão que se tece sobre a questão da identidade. Odisseia da cor, elogio da raça, alegoria da identidade, essa elocução ruidosa, de conotação contraideológica, traduz um amplo e complexo movimento de inscrição racial, que subverte os ideais europeus do belo e, por extensão, do que é considerado bom. No cabelo estilizado, arisco, indomado, nos trajes inspirados pelos moldes africanos, nos adereços, no andar, no movimento assimétrico da dança, em variados níveis, a expressão *Black is beautiful* anuncia o projeto de construção de uma enunciação coletiva. Esta ancora-se em uma representação prazerosa do corpo, traduzido, figurativamente, como uma imagem assertiva e diferencial, uma impressão jazzística, que desafia os ideais da cultura dominante. Essa fala se constrói pela releitura do corpo, pela reversão da história, pela revitalização da memória, pela vontade política de promover mudanças no *status quo*, inserindo-se no efervescente panorama de contracultura e de movimentos contestatórios na América de então. Há que exibir o corpo como imagem desejada, ostentar a imagem como prazer, inscrever a cor como texto, a raça como grife, signos da identidade afro que se quer, assim, realçar.

A construção da identidade depende do tipo de relação que o sujeito estabelece com seu corpo e da experiência de prazer, dor ou desprazer que o corpo lhe provoca. "O corpo, ou a imagem corporal eroticamente investida, é um dos componentes fundamentais na construção da identidade do indivíduo", afirma Jurandir Freire Costa, acrescentando que, para a criação "de uma estrutura psíquica harmoniosa, é necessário que o corpo seja predominantemente vivido e pensado como local e fonte de vida e prazer", condição *sine qua non* para a sobrevida do sujeito[2]. O deslocamento anunciado pela elocução *Black is beautiful* produz um vigoroso tom assertivo, que se contrapõe à negação racial engendrada pela violência do racismo, projetando o corpo negro como objeto de amor, prazer e afirmação racial.

No teatro, essa expressão se materializa nas personagens que a traduzem e evocam em cena pelo seu jeito de ser e parecer. Ostentam-se e exibem-se os traços da singularidade fenotípica investidos de uma pluralidade de sentidos e valores, em um amplo projeto de desconstrução e reconstrução artísticas, sociais e políticas, ideologicamente condensadas na representação e reapresentação metafórica do corpo e da fala do corpo. O espelho constitutivo desloca-se, nesse projeto, da Europa para a África. O corpo negro, amorosamente investido, quer-se, então, uma extensão da máscara africana idealizada, na qual se projeta um valor estruturante positivo, uma possibilidade alternativa de identificação especular para afirmação da identidade negra. A máscara do corpo é, assim, metonímia e metáfora de todo um *corpus* identificatório, que manifesta poder de constituição do indivíduo e de construção da identidade racial almejada. O prazer de ser negro manifesta-se, no palco, pelo desejo de mostrar-se negro, exibindo-se o corpo como fala, enunciação. A construção da identidade racial persegue, pois, a experiência do prazer de reconhecer-se negro e de jubilar-se com essa imagem. Em 1959, Beneatha, personagem de *A Raisin in The Sun*, de Lorraine Hansberry, antecipava essa travessia,

2. J.F. Costa, Da Cor ao Corpo: a Violência do Racismo (Prefácio), em N.S. Souza, *Tornar-se Negro*, p. 9.

ostentando o corpo signicamente investido de uma função catalisadora afirmativa.

Simultaneamente, muitos textos dramáticos e teóricos da época investigam e analisam, criticamente, os modelos de identificação normativa que, há séculos, alçam a brancura como um objeto desejado, que engolfa o olhar do negro e de outras raças e etnias nas sociedades ocidentais que se ancoram nos padrões europeus.

Para orquestrar, analiticamente, o estudo desse complexo movimento pendular de construção e desconstrução, elegi três textos que, por vias diversas, abordam a problemática da identidade e construção do sujeito, através da cenografia das personagens: *The Owl Answers*, de Adrienne Kennedy, peça que explora o dilaceramento psicológico de uma mulher negra, presa em uma rede de identificações normativas, que abafa sua alteridade e interdita a simbolização de seu desejo; *Anjo Negro*, de Nelson Rodrigues, que desloca o sentido apriorístico colado aos signos negro e branco, representando os sujeitos como construções que se constituem por meio de uma mútua e flutuante relação assertiva e determinativa; *Dutchman*, de Amiri Baraka, que opera uma radical corrosão da enunciação estereotipada, invertendo, dialeticamente, os símbolos do bem e do mal, que designam, tradicionalmente, o branco e o negro. Não desenvolvo, porém, neste capítulo, uma análise extensiva dos textos eleitos, procurando, antes, sublinhar alguns dos seus elementos estruturais que projetam os efeitos de deslocamento e desvelamento sígnicos aqui privilegiados.

A Cena do Imaginário

As peças de Adrienne Kennedy, em sua grande maioria, traduzem, cenicamente, o dilaceramento psicológico do sujeito negro, cujo olhar está fixado na brancura, como um pré-dado, uma imagem modelar desejada, perseguida, alucinada. Em *The Owl Answers*, meu objeto de reflexão, a fragmentação psicológica da personagem central, Clara, advém da relação persecutória que ela estabelece com seu corpo e imagem, epicentro de seu conflito de identidade. A protagonista mira-se em um espelho projetivo que lhe devolve uma imagem com a qual não consegue estabelecer uma relação jubilatória e amorosa, presa que está a um ideal de ser e parecer estranho a si mesma. A angústia de não ser branca castra e interdita a relação de prazer possível com ela própria, aliena e alucina a representação do ego que ela desenha, internamente, como desejo, enclausura a personagem em uma rede de projeções alheias. Essa peça promove, para o espectador, uma viagem, nem sempre confortável, mas de profunda densidade e apelo poético, ao inconsciente do ser humano, onde se testemunham os efeitos das identificações normativas que tecem a personalidade do indivíduo, os emblemas sociais que lhe são impostos e impingidos, moldando as máscaras que o representam para si mesmo e para os outros. O texto promove, em síntese, uma dramática reflexão sobre os efeitos gerados pela violência interiorizada do racismo.

Clara é uma jovem professora negra, filha adotiva de um casal de pregadores negros, nascida no Sul dos Estados Unidos. Seu pai, um rico comerciante branco, engravidara sua cozinheira, gerando a filha, que, então, rejeita. Sua mãe se suicida e os Passmore a adotam, batizando-a Clara. No momento presente da ação, a jovem está em Nova York, em férias. O texto se desvia da concepção naturalista e oferece um caleidoscópio de imagens expressionistas que parecem emergir do inconsciente da personagem, refletindo, por extensão, o contexto social em que ela se insere. Kimberly Benston afirma que as peças de Adrienne

> são muito claramente investigações complementares da identidade negra, organizada em torno de um específico grupo temático (sexualidade, estrutura familiar e tribal, morte) e símbolos (animais,

motivos de luz e sombra, acompanhamento musical e inúmeros objetos de todos os tipos)[3].

Nessa investigação da identidade negra, a autora desvela o que, sob a superfície da máscara humana, se esconde – seu molde. Essa imersão no inconsciente é simulada por um entrelaçamento de representações visuais e sonoras que mimetizam um universo tido como real (referencial, factual) e outro visto como surreal (alucinado), organizados em uma atmosfera de condensação e deslocamento similar ao processo dos sonhos e dos delírios.

O processo de condensação e deslocamento se constrói, no texto, por meio da justaposição e aglutinação de imagens e símbolos, que ocupam variadas funções e lugares, preenchendo espaços que representam a mente da personagem, gerando sentidos também flutuantes. A ação se desenrola em um vagão de metrô que é, simultaneamente, a Catedral de São Paulo (Londres), a Torre de Londres, a casa dos Passmore e um quarto de motel no Harlem. Esse cenário pluridimensional condensa os vários níveis de realidade (factual e imaginária) inscritos na mente da protagonista, metáforas dos espaços e dimensões espaciais nos quais ela se movimenta e se desdobra. O cenário, ao mesmo tempo, evoca, por contiguidade, os universos que povoam seu inconsciente e com os quais ela se identifica, ou não, alucinadamente. O mesmo processo é reiterado na própria personalidade cindida de Clara, cuja fragmentação e dilaceramento psicológico e emocional são traduzidos pelas variadas máscaras que modelam seu rosto. Metaforicamente, seu mascaramento é sugerido por sua nomeação. A protagonista é apresentada como Ela que é Clara Passmore que é a Virgem Maria que é a Bastarda que é a Coruja. Efeito desse intenso movimento de condensação e deslocamento, a protagonista é e não é isso e aquilo, faz e não faz parte disso e daquilo.

3. K.W. Benston, Cities in Bezique: Adrienne Kennedy's Expressionistic Vision, CLA *Journal*, v. XX, n. 2, p. 236.

Todos os signos cênicos convergem para a criação de uma atmosfera nebulosa, alucinógena, em um tempo e espaço fluidos, que conjugam variadas durações. Não há limites ou fronteiras entre o passado e o presente vividos ou imaginados, sendo ambos projetados em uma duração temporal totalizante. As falas não se encadeiam em uma sequência lógica, com um sentido linear objetivado pela enunciação. São, antes, elocuções estáticas, derivadas da memória *fictícia* ou *real* da jovem, ou simples alusões a vagos estados de consciência ou inconsciência. Não se podem discernir, na enunciação de Clara, os níveis fronteiriços entre sua *realidade* e *fantasia*, na medida em que o real e o imaginado, a ficção e o fato têm o mesmo estatuto em sua mente, apresentam-se e são vividos com a mesma força de verdade nas *personas* que ela encarna e incorpora.

No presente da ação dramática, o espectador acompanha o roteiro de Clara que, à noite, no vagão do metrô, em Nova York, seduz jovens e os leva para seu quarto de motel, onde o ato sexual nunca se concretiza. O texto se organiza por uma justaposição de imagens que representam os espaços e instâncias pelos quais transita a protagonista, evocando a viagem *real* – do metrô ao quarto de motel – e a *imaginária* – uma jornada cultural a Londres –, sendo ambas sinônimo de um único trajeto, um mesmo e perene percurso interior de Clara em busca de si mesma. Essas viagens, que são uma só, começam em uma estação originária, uma instância interior, representada, na peça, pela mãe e pelo pai legítimos. Sob o signo da mãe, agrupam-se outros signos: o vagão do metrô, o quarto no Harlem, o suicídio da própria mãe, a pobreza da população negra, a religiosidade cristã dos Passmore – sinédoques da negrura que se espelha no tipo físico e na posição social de Clara, mas com a qual ela não consegue se identificar. Sob o signo do pai, é evocada a imagem idealizada da brancura – a riqueza do branco, a cultura europeia, o glamour da aristocracia do Sul e da realeza britânica, a literatura inglesa que Clara leciona, a história britânica e a cultura europeia que ela, na escola, aprendera a admirar.

Clara se identifica com o pai e com a cultura do pai, em oposição à mãe, imagem que seu corpo evoca e que ela rejeita. Ela deseja ser o pai, se parecer-se com ele, integrar-se no seu mundo, ostentar o seu nome – sinédoque de um universo que idealiza. No entanto, o espelho lhe devolve, sempre, a imagem de um corpo que reflete o universo da mãe, evocando a negrura com a qual Clara não aprendeu a estabelecer uma relação de prazer. A viagem de metrô, em direção ao prazer do corpo, é sempre interrompida e interditada pela viagem alucinada ao mundo do pai. O desejo pelo pai e pelo que ele representa castram sua atração pelo homem negro, extensão de seu próprio corpo, de sua raça.

A viagem no metrô se transforma, regularmente, na excursão cultural fantasmática que Clara e o pai fazem a Londres, terra dos ancestrais paternos. Ali, o pai morre e a jovem é encarcerada na Torre de Londres, para que não possa acompanhar seus funerais. Os guardiões da Torre são, sugestivamente, Chaucer, Shakespeare e William, o Conquistador. Uma das visitas que ela recebe é a de Ana Bolena. Todas essas figuras que transitam na mente alucinada de Clara evocam, por contiguidade, o mundo a que ela deseja pertencer e, por condensação, o que deseja ser. A Torre de Londres, seu cárcere fantasmático, simboliza, como uma das imagens centrais do texto, o universo social e cultural que é objeto de seu desejo. Este a enclausura, psicologicamente, como um objeto de fixação, representando um mundo admirado, mas que a exclui e ao qual ela não consegue integrar-se plenamente, pois os guardas da Torre a repelem. Seu conflito advém do excesso de amor que devota à brancura simbolizada pela cultura europeia, às imagens que, metonimicamente, a manifestam e ao pai. A identificação com o pai, cenicamente representado por Chaucer, Ana Bolena, Shakespeare, marca a tentativa desesperada da protagonista de ultrapassar a barreira da cor e do fenótipo (seu cárcere), realçando a filiação genética e cultural paterna. O investimento erótico que busca através dos jovens negros seduzidos no metrô, não se concretiza porque o que Clara persegue, como desejo, é uma relação de prazer com o pai branco, com o que ele representa – a brancura. A busca do pai, do nome do pai, é a busca da própria identidade. Como bem observa Benston, os papéis que Ela representa "são fragmentos de uma única personalidade, desenhada imperialisticamente pelos outros ou pessoalmente abraçada em sua busca desesperada de si mesma"[4]. Clara está, psicológica e emocionalmente, encarcerada por um ideal de ser que interdita a possibilidade de reconhecer-se diferencialmente. Todas as outras personagens que transitam em cena são, na verdade, falares que se cruzam no seu pensamento, projeções de suas próprias dúvidas, expectativas e desejos:

SHE: We came this morning. We were visiting the place of our ancestors, my father and I. We had a lovely morning, we rose in darkness, took a taxi past Hyde Park through the Marble Arch to Buckinghan Palace, we had our morning tea at Lyons then came out to the Tower. We were wandering about the gardens, my father leaning on my arm, speaking of you, William the Conqueror. My father loved you, William.

THEY (*interrupting*): If you are his ancestor why are you a Negro? Yes, why is it you are a Negro if you are his ancestor? Keep her locked there.

SHE: You must let me go down to the chapel to see him.[5]

4. Ibidem, p. 239.

5. A. Kennedy, *The Owl Answers*, em *Adrienne Kennedy in One Act*, p. 27-28; "ELA: Nós chegamos esta manhã. Estávamos visitando o lugar de nossos ancestrais, meu pai e eu. Tivemos uma ótima manhã, levantamos ainda no escuro, pegamos um táxi, depois do Hyde Park, atravessamos o Marble Arch rumo ao Palácio de Buckinghan, tomamos nosso chá matinal no Lyons e então fomos para a Torre. Ficamos vagando pelos jardins, meu pai apoiado em meu braço, falando de você, Guilherme, o Conquistador. Meu pai amava você, Guilherme. ELES (interrompendo): Se você é descendente dele, por que você é negra? Sim, por que você é uma negra se você é sua descendente? Mantenha-a trancada lá. ELA: Você tem que me deixar ir à capela para vê-lo."

Clara se alimenta com seus delírios e devaneios, totalmente preenchida pela figuração de um mundo que espelha o que deseja ser. Uma fala do pai morto sumariza essa imersão da protagonista. O vivido é o imaginado, em que ela ocupa, como nos sonhos, diferentes lugares e *personas* que são, em síntese, representações de si mesma:

DEAD FATHER: Yes, my Mary, you are coming into my world. You are filled with dreams of my world. I sense it all.[6]

Toda a concepção dramática e cênica do texto se constrói em torno de uma questão última, central, irrespondível: Quem é Clara? Na última cena da peça, ela tenta matar, com uma faca, o homem negro que a acaricia no quarto do motel. Ele foge. A cama/altar incendeia-se e Clara, em uma atmosfera de completa alucinação, delírio e fragmentação, realiza sua mais espantosa metamorfose, transformando-se em uma coruja, que balbucia sons enigmáticos ininteligíveis:

Ela que é Clara que é a Bastarda que é a Virgem Maria, subitamente se transforma em uma coruja, ergue sua cabeça curva, fixa o espaço e fala: Ow... oww. (*O pai se levanta e, vagarosamente, apaga as velas sobre a cama.*)[7]

A complexidade dessa transformação final da personagem não se deixa resolver no texto de modo transparente. Durante toda a peça, em momentos variados, Clara é associada à coruja e a um pássaro branco – uma pomba – preso em uma figueira. A coruja é um signo noturno, mensageira da morte, símbolo da bruxaria e da sabedoria femininas, sinal de maus presságios. Clara/pássaro/coruja está enclausurada na figueira, presa na Torre de Londres.

A irrupção final da coruja, que toma o seu corpo, é a própria irrupção da negrura interditada, que aflora com

6. Ibidem, p. 34; "PAI MORTO: Sim, minha Maria, você está vindo ao meu mundo. Você está cheia de sonhos do meu mundo. Eu sinto tudo."

7. Ibidem, p. 45.

violência, como um alter ego insistentemente negado. A pomba branca e a coruja representam as margens dos dois universos que duelam no interior da protagonista, em sua busca desesperada por autoconhecimento e amor. No seu universo ambivalente, de ser e não ser, presa entre dois mundos excludentes, ela se sacrifica perenemente, ao não conseguir fixar-se em algo que reafirme sua própria identidade. Clara é uma colagem que reflete diferentes possibilidades de ser em completa desarmonia, desvelando sempre uma lacuna, um vazio entre sua realidade física e sua construção interior. Ela é a pomba branca e a coruja, parte branca e parte negra, instâncias fragmentadas, fendidas, excludentes em sua constituição. Como metáforas, a pomba e a coruja evocam o conflito de culturas, os emblemas constitutivos e os diferentes papéis inscritos na personalidade da protagonista:

> Para o cristão, a pomba, como um símbolo, supre a lacuna entre a natureza transitória da identidade física e a mais permanente e transcendental identidade espiritual, que se estende, enquanto poder, do passado ao presente como um elemento unificador. Mas, para o que é metade branco, metade negro, parte cristão, parte pagão, a coruja e a figueira enfatizam o vazio entre o ser físico e o centro espiritual.[8]

Clara, encarcerada na Torre, presa na figueira, metamorfoseada em coruja, representa uma personalidade cindida, emparedada entre dois polos de identificação possíveis, que se movimentam, na sua mente, em direções opostas e exclusivas. Presa nessa rede de identificações ambivalentes, ela não simboliza, harmoniosamente, o seu desejo.

O texto de Adrienne Kennedy encena, através do conflito e das tensões de Clara, o emparedamento psicológico gerado pela interiorização da *brancura* como um emblema idealizado. Através de uma vertiginosa imersão

8. R. Tener, Theatre of Identity: Adrienne Kennedy's Portrait of the Black Women, *Studies in Black Literature*, v. 6, n. 2, p. 4.

no inconsciente de sua personagem, a dramaturga expõe a sintaxe de construção e constituição do sujeito encenado, as identificações familiares e culturais que fundam sua estrutura psíquica e seu Ideal de Ego. O teatro torna-se, assim, um instrumento de investigação da identidade do sujeito negro e um arauto de denúncia da violência do racismo na constituição dessa mesma identidade. Não há, aí, uma simples reprodução da imagem tão familiar na cena tradicional, a do *negro de alma branca*, mas, sim, uma reflexão sobre as falas fundadoras em que se assenta a estrutura do sujeito. Investigam-se e desvelam-se as bases formadoras de um desejo que, no seu limite, só se realiza com a morte do sujeito desejante. Problematiza-se, enfim, a construção de um Ideal de Ego, cujo registro espelha um modelo de ser alheio e alienante, para quem está nele enclausurado.

A psicanálise ensina que a fala do outro nos constitui, nomeia e determina: "As falas fundadoras que envolvem o sujeito são tudo aquilo que o constitui, os pais, os vizinhos, a estrutura inteira da comunidade, que não só o constitui como símbolo, mas o constitui em seu ser."[9]

Na construção do sujeito, a fase de projeção narcísica, imaginária, que se traduz pela relação especular com a mãe, é barrada e interditada por outros feixes de identificação normativa, de natureza estruturante, que possibilitam o seu acesso na ordem da cultura, da sociedade, da palavra. Nessa nova ordem – a do Simbólico, do social e da socialização –, interrompe-se, nas palavras de Jurandir Freire Costa, "o dueto exclusivo" entre o infante e a mãe, pela parição e mediação de outras instâncias de identificação, de outros lugares de projeção: o pai, os pares e "os sujeitos exteriores à comunidade familiar"[10]. Através dessa mediação, o sujeito se socializa, alça-se como um, dentre vários outros, enfrenta a experiência da falta e da

9. J. Lacan, *O Eu na Teoria de Freudena Técnica da Psicanálise*, p. 31.
10. J.F. Costa, op. cit., p. 3.

satisfação, harmonizando-as, integra-se à cultura e à sociedade, humaniza-se. Essas relações familiares e sociais são elementos mediadores entre o sujeito e a cultura, o sujeito e o mundo, favorecendo a construção de um ideal de ser que vai moldar a constituição e identidade do indivíduo:

> O Ideal do Ego é um produto da decantação destas experiências. Produto formado a partir de imagens e palavras, representações e afetos que circulam incessantemente entre a criança e o adulto, entre o sujeito e a cultura. Sua função, no caso ideal, é a de favorecer o surgimento de uma identidade do sujeito, compatível com o investimento erótico de seu corpo e de seu pensamento, via indispensável à sua relação harmoniosa com os outros e com o mundo.[11]

Apesar de marcar uma falta que nunca é preenchida ou esgotada e que, por isso, se desloca, o desejo é o impulso do sujeito no encalço de uma satisfação que, imaginariamente, repete uma situação de prazer. "O desejo está fadado à incompletude", mas é a esperança sempre renovada e deslocada de "realizar o prazer sonhado" o que movimenta o sujeito e o leva a se transformar e a tentar transformar o mundo, "idealizando o futuro conforme seu Ideal de Ego", perseguindo seu objeto de desejo[12]. O Ideal de Ego se traduz, assim, como uma imagem desejada, que representa o sujeito para si mesmo, imagem de um ideal de ser que favorece, ou não, uma relação mais ou menos harmoniosa entre o sujeito e seu corpo, entre o indivíduo e seus pares sociais.

A construção dessa relação prazerosa do sujeito consigo mesmo e com os outros é dificultada ou sonegada ao negro, na medida em que ele é defrontado com um modelo de identificação normativo-estruturante que se assenta num *fetiche*: o da brancura. Alçada, pelas sociedades racistas, como um atributo essencialista, um ideal de ser que, em todos os seus matizes, exclui os que a ele não se conformam, amoldam ou reproduzem, a brancura,

11. Ibidem, p. 4.
12. Ibidem, p. 8.

enquanto um pré-dado, "antecede a existência e manifestações históricas dos indivíduos reais, que são apenas seus arautos e atualizadores", como afirma Jurandir Freire Costa. Sob a imagem da brancura, delimitam-se as fronteiras do universal, pois "o fetichismo em que se assenta a ideologia racial faz do predicado branco, da brancura, o 'sujeito universal e essencial', e do sujeito branco, um 'predicado contingente e particular'"[13].

A interiorização compulsória dessa ideia de ser que exclui e barra a sua singularidade fenotípica, cultural e racial, constitui uma violência que, no seu limite, castra, no negro, a possibilidade de formular enunciados de prazer sobre seu corpo e sua identidade, transformados em motivo de angústia e dor. Dor e desprazer não são sinônimos, revela a psicanálise, pois não fazem parte de um mesmo binômio. A oposição prazer/desprazer gera pensamentos criadores que impulsionam o indivíduo na perseguição do comprimento do desejo. Diversa é a situação de dor, experiência dessemelhante à do desprazer, já que "seu ponto de irradiação não é o obstáculo à realização do prazer, e sim o rompimento da homeostase psíquica provocado por um trauma específico produzido pela *violência*"[14]. O desprazer pode servir como estímulo, enquanto a dor paralisa o sujeito. Sob a experiência da dor, motivada, no caso, pela violência do racismo introjetado, estabelece-se uma relação tensa e conflituosa entre o negro e seu corpo, entre o corpo e sua representação psíquica, entre a imagem vista, mirada, e a imagem desejada, obstinada. Cria-se, assim, no sujeito, um movimento persecutório de autodestruição, porque ele se torna incapaz de extrair, da relação com seu corpo e sua autoimagem, qualquer pensamento ou enunciado de prazer. Efeito das falas fundadoras que o instituem como ser, o negro assujeitado pelo racismo interioriza o desejo e a fala do

13. Ibidem, p. 4.
14. Ibidem, p. 9.

branco, espelhando, em seu olhar, um olhar alheio que o faz excêntrico. Em seus limites máximos, essa experiência de excentricidade produz a experiência da dor, que pode conduzir o sujeito a uma situação de desequilíbrio, visto que "entre o Ego e seu Ideal cria-se, então, um fosso que o sujeito negro tenta transpor, às custas de sua possibilidade de felicidade, quando não de seu equilíbrio psíquico"[15].

A peça de Adrienne Kennedy dramatiza essa situação de desequilíbrio e dor, vivida, em seus extremos, por uma personagem que não consegue dialetizar, harmoniosamente, as falas que a fundamentam como sujeito. Na cena mental que o palco reproduz, Clara ancora-se e fecha-se em um mundo de representações e afetos imaginados, através dos quais persegue a identidade desejada, mas nunca alcançada. A fixação da protagonista no *fetiche* da brancura é esboçada por meio de um caleidoscópio de imagens simbólicas que, internamente, a representam. O texto constrói-se como "uma colagem de ambiguidades, metáforas, *insights* poéticos, referências literárias e associações míticas"[16], através dos quais se desenham os sentimentos conflitantes da personagem sobre sua natureza íntima e sua identidade. Esse conjunto de elementos espelha, cenicamente, a estrutura mental de Clara, fendida pela realidade de ser negra e pelo desejo de ser branca.

A cor branca, que gera a luminosidade do cenário, está presente nos signos literários, culturais, religiosos e míticos que a evocam como um tom e um mote; a ela se contrapõe a cor negra, que se insinua por entre esses mesmos elementos, ou a eles se superpõe, como um ruído e uma sombra. Todas as imagens plásticas e sonoras (figuras, objetos, lugares, sons, falas), que fabulam a problemática da identidade (quem é Clara?), são organizadas como representações psíquicas dos falares e instâncias inscritos normativamente na mente da heroína. Em um polo de

15. Ibidem, p. 3.
16. R. Tener, op. cit., p. I.

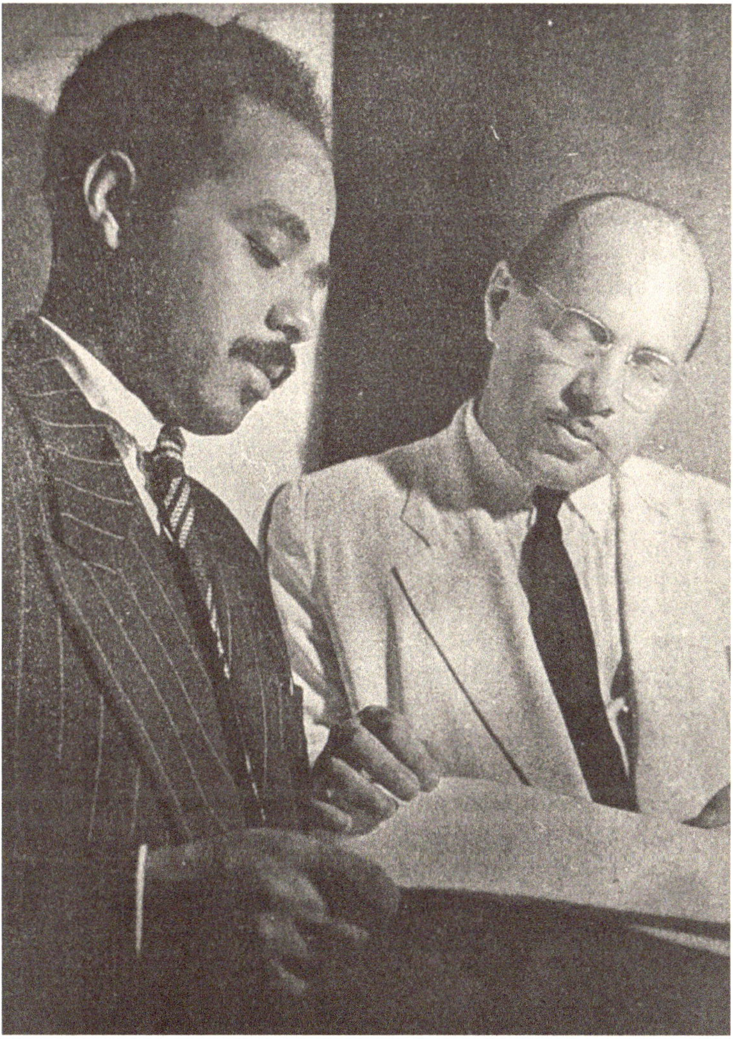

Santa Rosa e Abdias Nascimento. (Coleção IBAC.)

representações, alça-se a figura do pai – a lei, modelo de identificação e símbolo da brancura desejada, alucinada. Essa imagem/matriz fundadora desdobra-se e desfolha-se em outras figurações: a Virgem Maria e a pomba branca, paradigmas da virtude cristã e signos da religiosidade ocidental; Shakespeare e Chaucer, mitos literários, modelos clássicos da cultura dominante; William, o Conquistador, ideal de poder e riqueza; Ana Bolena, símbolo do amor e da morte. No outro polo, insinuam-se as imagens sombreadas, reprimidas por Clara, que irrompem do espelho como miragens indesejadas – a mãe, as associações que lembram a negrura da protagonista, o metrô, o quarto do motel, os Passmore, a coruja, sua condição de bastarda. Clara tenta abafar essas imagens últimas, ela mesma, como Shakespeare e Chaucer, uma guardiã da Torre que a enclausura. A relação de prazer com os homens negros (extensão de seu corpo), que busca no metrô, é sempre interditada, pois a relação da jovem com seu próprio corpo é persecutória, autodestrutiva, de angústia e dor. Essa experiência de dor se estende a tudo que, de certa forma, se associa à sua metade negra, com a qual não aprendera a estabelecer ligações de prazer ou júbilo.

As metáforas e símbolos que representam o lado negro de Clara atuam como sombras e timbres dissonantes na arquitetura do texto, rompendo a luminosidade e simetria dos tons brancos, espelhando a antinomia entre o desejo alucinado e a realidade, vividos ambos fantasmaticamente. A orquestração de luzes, timbres, tons, cores, figuras e falas se condensa em um tempo e espaço totalizantes e fluidos. O tempo vivenciado aglutina a lembrança de um passado *factual* e a memória da fantasia *vivida* em um presente contínuo, criando uma atmosfera vaga, etérea, um cenário nebuloso que a protagonista, como um fantasma, ocupa. A diluição do real no universo aéreo e expressionista engolfa a própria personagem que, gradativamente, em suas mutações e transfigurações contínuas, se transforma em um *tropo*, um símbolo, uma metáfora poética. No espelho refratário que simula sua personalidade, Clara encena, alucinadamente, a cisão entre o ideal de ser branca, sua clausura, e o reflexo do corpo negro, imagem que a desloca. A metamorfose em coruja, que acontece sob o olhar do pai, sintetiza a volição e a intensidade do processo de fragmentação mental da protagonista na busca do autoconhecimento desse eu imaginário que se dilui em vários outros eus, sem alcançar unidade. Ela que é Clara Passmore que é a Virgem Maria que é a Bastarda que é a Coruja termina emparedada no espelho de suas múltiplas representações, metáforas do túmulo psicológico que pulveriza sua identidade, capturada que foi por um desejo de ser que é, afinal, o desejo de sua própria morte.

Através do emparedamento figurativo de Clara, a peça de Adrienne Kennedy desenha uma imagem que se faz presente, também, em outros textos do Teatro Negro, imagem esta que se pode denominar, genericamente, de *metáfora do túmulo*. Essa expressão designa, no meu texto, um símile projetor da rede de identificações e projeções miméticas que enclausuram o sujeito negro, fixado em um ideal de ser que abafa sua alteridade e castra os sinais de sua singularidade racial. Os textos que veiculam essa imagem forçam o espectador a confrontar-se, criticamente, com personagens assujeitadas *pelo feriche* da brancura, desenhado como um olhar fundador do Ideal de Ego, que molda a autoimagem desejada e perseguida. Essa mesma metáfora percorre, em diversas variações temáticas, plásticas e cênicas, o drama *Anjo Negro*, de Nelson Rodrigues, meu próximo percurso.

Escrita em 1946, *Anjo Negro* compõe, ao lado de Álbum de Família e *Senhora dos Afogados*, um ciclo de peças que Nelson Rodrigues denominou peças "desagradáveis" por serem, na sua opinião, "obras pestilentas, fétidas, capazes, por si sós, de produzir o tifo e a malária na plateia"[17]. Em

17. Apud Sábato Magaldi, Prefácio a Nelson Rodrigues, em N. Rodrigues, *Teatro Completo*, p. 13.

Anjo Negro, o autor realiza uma imersão abissal no inconsciente humano, explorando, sem eufemismos, motivos ligados ao racismo, ao incesto, à sexualidade e à família, todos eles cruzados e subjacentes no conflito das personagens e na tensão da trama, que simula relações familiares e sociais. Neste estudo, privilegiarei o motivo racial que fundamenta a construção do texto e que representa um dos motes desenhados pelo dramaturgo para tecer o caráter dos sujeitos dramáticos que ali se encenam.

Na figuração tradicional do teatro, negro e branco compõem uma oposição binária, são utilizados como polos opostos e excludentes na caracterização das personagens. *Anjo Negro* rompe essa dicotomia básica que se assenta na polaridade entre o bem e o mal. A complexidade e imprevisibilidade dos sujeitos encenados dilui essa polaridade, porque o bem e o mal não se manifestam como atributos exclusivos de uma personagem em oposição à outra, mas como efeito da própria relação que as institui. Por meio de um processo de deslocamento sígnico e semântico constante, o texto desconstrói as noções usuais ligadas aos signos negro e branco e suas variações (luz e sombra, luminosidade e escuridão, positivo e negativo etc.). A progressiva oscilação de suas posições e funções no alinhavo do texto rompe a lógica binária dos significados preconcebidos e dos conceitos apriorísticos, expondo, para o espectador, a natureza convencional e arbitrária dos signos e os artifícios sociais que engendram a construção e disseminação de seus possíveis sentidos.

O movimento da trama tem por eixo a figura do negro Ismael, fundador de uma família matriz que condensa, como núcleo do drama, uma síntese de substratos sociais, raciais e míticos. Assujeitado pelo racismo, essa personagem sublinha e nega sua filiação racial, isolando-se com a esposa branca, Virgínia, em uma casa a que poucas pessoas têm acesso. Nesse microuniverso, o médico Ismael funda um mundo ficcional particular, projeção de seus desejos e fantasias. No jogo dos espelhos e reflexos do texto e do universo imaginário do casal, Virgínia figura como duplo de Ismael, imagem-ímã através da qual ele se vê e se constrói. No cruzamento dos desejos dos protagonistas, o texto tece uma alegoria que desfolha e desvela os impulsos e fixações que os constituem. Ali, o sentido dos signos negro e branco não é oferecido *a priori*, mas forma-se em processo, como resultado de uma referência e designação mútuas e do espelhamento das personagens. Assim, o sentido dos signos, em *Anjo Negro*, não precede a relação dos sujeitos designados, mas é, antes, extraído dessa relação. Apropriando-me de uma frase de Christopher Miller, poderia afirmar que, nessa peça, "negro e branco designam-se um ao outro antes de designarem qualquer sentido, e seu sentido resulta de uma reversão constante"[18].

Ao longo de todo o drama, um coro de mulheres negras se desloca por entre as personagens, comentando as ações do presente, revelando o passado e profetizando o futuro. O coro conduz o fio da narração, numa voz às vezes oracular, às vezes realista, que liga e associa o mundo imaginário de Ismael e Virgínia à realidade exterior que os cerca. Na abertura, circulando o caixão do filho do casal, o coro introduz os motivos que a trama desenvolverá: a questão racial, problematizada na própria hesitação em se definir a cor da criança morta, a atração erótica que unira o casal, a morte que paira na atmosfera sombria da casa e na relação entre Ismael e Virgínia:

SENHORA (*doce*): Moreninho, moreninho!
SENHORA: Moreno, não. Não era moreno!
SENHORA: Mulatinho disfarçado!
SENHORA (*polêmica*): Preto!
SENHORA (*polêmica*): Moreno!
SENHORA (*polêmica*): Mulato!
[...]
SENHORA: O preto desejou a branca!

18. C. Miller, *Blank Darkness*, p. 30.

SENHORA (*gritando*): Oh! Deus mata todos os desejos! SENHORA (*num lamento*): A branca também desejou o preto! TODAS: Maldita seja a vida, maldito seja o amor![19]

A construção da imagem visual da peça, elaborada por meio das cores preta e branca e suas variações, desenha-se já no primeiro quadro, no qual Virgínia e Ismael estão, os dois, visíveis para o público, ele ao lado do caixão e ela no quarto do casal. Ismael, negro, usa sempre um terno branco engomado e sapatos de verniz; Virgínia, muito alva, veste luto cerrado. O caixão branco guarda o corpo negro de seu filho. Ismael está de frente para a plateia e Virgínia de costas. Essa simultaneidade e mistura das cores matrizes introduz a ambivalência das personagens, do cenário e de sua relação. Visualmente, essa primeira moldura – um retrato de família – desenha o espectro cromático como um símile do texto. O deslizamento das cores parece advir de uma lente fotográfica oscilante, que produz uma imagem fosca, pouco transparente, multifacetada. As cores compõem a singularidade das figuras, mas, ao mesmo tempo, diluem-na, revelando, como um negativo, sua natureza dual e mutuamente sobredeterminada. Presentes em Ismael (pele negra/roupa branca), em Virgínia (pele branca/roupa negra) e no caixão, as duas cores parecem tomar a si mesmas como referentes, compondo os protagonistas como imagens duplas e duais. As figuras se repetem especularmente, numa cena espelhada em que as cores, de início, não manifestam nenhum sentido preconcebido. Elas se espalham e deslizam pelas personagens e pelo cenário, traçando uma imagem plástica que propicia a ambivalência dos signos e de seu significado, projetando sua natureza intercambiável.

Esse jogo cromático estende-se à luminosidade do cenário, criada por meio da manipulação da claridade e

19. N. Rodrigues, *Anjo Negro*, em *Teatro Completo V.* 2, p. 311-312. Todas as páginas referentes às demais citações dessa peça serão assinaladas no próprio texto.

do sombreamento. A casa não tem teto para que a noite possa adentrá-la sem interrupção. Os muros que cercam a residência funcionam, também, tal qual a falta de teto, como controladores da luz, sugerindo a atmosfera expressionista do ambiente, dificultando a visão do espectador, mas estimulando sua percepção. A atmosfera é difusa, os limites não são fixos, as figuras se confundem, se superpõem. Esses recursos de composição do cenário e das personagens desenham o universo do casal e introduzem o espectador em seu mundo. No nível metafórico, os muros representam seu isolamento, o microcosmo autorreferencial em que vivem; no nível metonímico, projetam o emparedamento de Ismael, sua crescente solidão: "A casa não tem teto para que a noite possa entrar e possuir os moradores. No fundo, grandes muros que crescem à medida que aumenta a solidão do negro." [1º ato, p. 311]

O mascaramento e a simulação das personagens reproduzem a ambivalência sugerida pelo jogo de luzes e cores da peça. Ismael e Virgínia vivem um labirinto de representações e transvestimentos incessantes, encenando os papéis figurados por suas fantasias e desejos. Preso a um Ideal de Ego branco, ele rejeita sua singularidade fenotípica e racial, constituindo-se como um simulacro da brancura desejada, como uma ficção que representa para si mesmo e para Virgínia, consciente, entretanto, dos artifícios dessa representação:

> ELIAS (*apaixonadamente*): Quando ele era rapaz, não bebia cachaça porque achava cachaça bebida de negro. Nunca se embriagou. E destruiu em si o desejo que sentia por mulatas e negras, ele que é tão sensual... Estudava muito para ser mais que os brancos, quis ser médico só por orgulho, tudo orgulho. O que ele fez com São Jorge? Tirou da parede o quadro de São Jorge, atirou pela janela – porque era santo de preto. [1º ato, p. 326-327]

Colando à sua face uma máscara que o traduz pelo avesso, o protagonista barra e reprime sua diferença, anulando sua alteridade. Nesse sentido, a cor branca de sua roupa reproduz, metonimicamente, sua fixação pela brancura. Envolvendo-o, a cor branca, entretanto, não designa valores positivos. Ela representa o cancelamento ou anulação do significado ideológico da negrura, da mesma forma que a cor negra da pele de Ismael anula o branco de sua roupa. Nesse movimento pendular de reversão e deslocamento, o negro e o branco não se apresentam como sinônimos ou símiles do bem e do mal, tidos como atributos inerentes a determinada cor ou raça. Presentes em ambas as personagens, em uma relação autodesignativa, essas cores expressam a dualidade intrínseca do ser humano, sem reforçar qualquer conotação hierárquica.

A relação ambígua do casal, de atração e rejeição, desejo e repulsão, amor e ódio, só se torna possível devido ao permanente exercício de mascaramento e simulação. Metonímia da brancura perseguida por Ismael, Virgínia é uma extensão de seu desejo. É ela quem o constitui como reflexo, assim como é ele quem possibilita a vivência das fantasias dela. Não querendo ser um *mesmo* em relação à raça negra, que rejeita, e movido pelo desejo de ser e ter o *outro*, o branco, a existência de Ismael só pode concretizar-se em um universo ficcional deslocado da realidade extramuros. Para evitar o olhar externo que desmascararia sua metamorfose impossível – afinal, a cor, em si, não muda e os preconceitos não se apagam facilmente –, ele isola-se com Virgínia em um microcosmo, onde as fisionomias se confundem, os desejos se misturam, as cores se diluem e se anulam e onde a ilusão predomina, mascarando os fantasmas da discriminação racial. A instauração desse universo ficcional só é possível por ser, também, desejado pela mulher, sua cúmplice e parceira na cena de simulações e disfarces. Seres de desejo, frustrações e ambiguidades, duplos e espelho um do outro, Ismael e Virgínia, histrionicamente, ocupam e desenham o universo dramatizado no texto como um palco, no qual ambos, atores/personagens, se representam, numa *mise-en-abíme* dramática, que caracteriza os protagonistas e a concepção espelhada e metateatral do texto. Os rostos de Virgínia e Ismael condensam-se em uma única imagem, já que a fisionomia de um se repete no olhar do outro, como duplos que são. Como afirmaram Fred Clark e Ana Lúcia Gazolla de Garcia, o simbolismo do contraste de cores, expresso na pele, no vestuário dos protagonistas e na manipulação de luz e sombra, enfatiza a dualidade básica das personagens, "que se espelham um no outro em sua relação de amor e ódio", acentuando, ainda, "as dualidades básicas da vida e da natureza humanas"[20].

Enquanto Ismael acompanha o enterro do filho, Virgínia tenta seduzir Elias, irmão adotivo do marido, um jovem branco e cego. No exercício da sedução, ela narra uma estória trágica, na qual encena o papel da vítima. Quando adolescente, fora surpreendida beijando o noivo da prima, sendo esta a causa do rompimento do noivado e do consequente suicídio da moça. Como vingança, sua tia a entregara a Ismael, o médico negro, para que ele a violentasse; depois do que, se casaram. A cena de violação, recuperada e recriada pela memória do casal ao longo de toda a peça, é o *leitmotiv* que estrutura a relação dos dois. Virgínia diz odiar e desprezar o marido, que a teria estuprado. Cada noite, quando Ismael a procura, ela revive e simula essa cena originária, como um papel ensaiado e representado por ambos há oito anos e cujo sentido é ambivalente. A cena do estupro é recriada, para o espectador, através da imagem da cama do casal, sempre focalizada como objeto fantasmático. Seu sentido, entretanto, não transparece explicitamente, pois, no decorrer da peça, vários outros dados e motivos vão sendo acoplados a essa cena originária, à medida que a personalidade dos protagonistas, suas pulsões e desejos se desfolham diante do espectador.

20. F. Clark; A.L.G. de Garcia, *Twentieth-Century Brazlian Theatre*, p. 86.

Em seu relato, Virgínia constrói um discurso que apresenta Ismael como o sujeito de uma ação brutal e ela como seu objeto, uma vítima de sua violência. No desenvolvimento da ação dramática, o uso do *flashback* não permite que esse discurso se firme como verdade na mente do espectador. A personalidade da protagonista vai sendo desvelada pela sua própria fala, por suas ações e atitudes e pelas falas e reações de Ismael, fazendo oscilar, na arquitetura do texto, as posições de sujeito e objeto, de vítima e opressor. No discurso da inocência, agrupam-se outros discursos e sinais que o contradizem, permitindo a releitura e reinterpretação da cena de violação, perenemente invocada pelos protagonistas.

A capacidade e o prazer de simular e fingir modelam o modo de ser e parecer de Virgínia, tornando-a ambígua, contraditória, uma criatura que alucina os desejos e vive uma realidade fingida. Seu caráter ambivalente e seu histrionismo ("É tão fácil simular", ela revela no 1º ato, p. 336) levam-na a representar, quando lhe convém, os papéis de vítima, amante apaixonada, esposa sedutora, adúltera, mãe amorosa e mãe criminosa, no universo das representações que a traduzem, enigmaticamente, de tal modo que o espectador nunca é capaz de decifrá-la com segurança. Se, em um primeiro e fugaz momento, ela se apresenta em oposição a Ismael, como objeto de uma ação violenta, no desenrolar da peça esse antagonismo e essa dicotomia se diluem. Ela assassina os próprios filhos por serem negros, revelando, ainda, outros atributos que desfazem sua máscara de inocência.

As duas personagens se completam e se repetem em suas ações e sentimentos. Assim, na estrutura da peça, não sobrevive qualquer oposição entre o branco e o negro como signos definidores de atributos raciais. Em ambos estão condensados aspectos duais, positivos e negativos, reiterando-os como signos polivalentes, dos quais é impossível, na economia do texto, fixar-se um sentido único, definitivo e definidor. No jogo de mascaramento e simulações vivido pelas personagens, os significados flutuam e deslizam entre ambas, sem ancoragem. O sentido da sua relação e o significado do jogo de máscaras e transvestimentos que protagonizam só se constroem, como um processo, no jogo mesmo dos enunciados e da enunciação que se cruzam no texto. Descrevendo a cena de estupro para Elias, Virgínia revela, no 2º ato:

> VIRGÍNIA (*sem ouvi-lo*): E eu ali. De noite, Ismael veio fazer quarto. Era o único de fora, ninguém mais tinha sido avisado. De madrugada, senti passos. Abriram a porta – era ele mandado pela minha tia. Eu gritei, ele quis tapar minha boca – gritei como uma mulher nas dores do parto... [1º ato, p. 329]

Mais tarde, a mesma Virgínia recupera essa cena sob outro ponto de vista, deixando aflorar os motivos submersos que a impulsionam:

> VIRGÍNIA: Eu te amei, mesmo quando fingia te odiar... E nunca te amei tanto, gostei tanto de ti como naquele dia... (*subitamente caridosa, enamorada*) Você se lembra, Ismael?
> [...]
> Quando me tapaste a boca – na primeira noite – sabes de que é que me lembrei? Apesar de todo o meu terror? (*deslumbrada*) Me lembrei de quatro pretos, que eu vi, no Norte, quando tinha cinco anos – carregando um piano, no meio da rua... Eles carregavam o piano e cantavam... Até hoje ainda os vejo e ouço, como se estivessem na minha frente... Eu não sabia por que esta imagem surgira tão viva em mim! Mas agora sei. (*Baixa a voz na confidencia absoluta.*) Hoje creio que foi esse o meu primeiro desejo, o primeiro. [3º ato, p. 370-371]

Progressivamente reinventada pelo discurso das personagens, a cena de violação torna-se polivalente, como um prisma que reflete um número variado de possibilidades de leitura. Por trás das aparências, do jogo de luzes e tonalidades, o desejo se desloca e se reproduz em diversos objetos, como um impulso que funda as personagens e move sua relação, em um círculo vicioso que as enclausura.

Para livrar-se da ira do marido, Virgínia entrega-lhe Elias, seu amante, a quem Ismael mata sob seu olhar e consentimento. Ao encerrar-se o segundo ato, crescem os muros e as sombras que emparedam o casal. Uma atmosfera sombria, de perdas, frustrações, ilusão e busca envolve o universo desejante de Ismael e Virgínia. Na alegoria da peça, diluem-se as noções usuais acopladas às cores negra e branca, como símiles do mal e do bem. Signos de desejo, as personagens vão sendo semantizadas pelos seus impulsos e projeções. Virgínia representa, para Ismael, a extensão de seu desejo de ser branco. Ismael simboliza, para Virgínia, o objeto de um desejo em constante deslizamento. Seres de desejo e frustração, os dois se reproduzem, se complementam e se completam.

O terceiro e último ato é um espelhamento dos dois primeiros, já que repete o recurso de duplicação de mundos e personagens especulares. Dezesseis anos são passados. Ana Maria, filha de Virgínia e Elias, tem quinze anos. Ismael cegara a criança e, desde então, criara-a como se fosse seu pai legítimo. Através dela, ele busca construir um novo universo ficcional, que é, entretanto, muito similar ao microcosmo em que ele e Virgínia habitam. A diferença reside no fato de que, nesse novo universo, o sentido dos signos seria manipulado apenas por Ismael:

> ISMAEL: [...] Quando eu vi que era uma filha, e não um filho, eu disse: "Oh, graças, meu Deus! Graças!" Queimei os olhos de Ana Maria, mas sem maldade nenhuma! Você pensa que fui cruel, porém Deus, que é Deus, sabe que não. Sabe que fiz isso para que ela não soubesse nunca que sou negro (*num riso soluçante*). E sabes o que eu disse a ela? desde menina? que os outros homens, todos os outros – é que são negros, e que eu – compreendes? eu sou branco, o único branco (*violento*), eu, mais ninguém. (*Baixa a voz.*) Compreendes esse milagre? É milagre, não é? Eu branco e os outros, não! Ela é quase cega de nascença, mas odeia os negros como se tivesse noção de cor... [3º ato, p. 358]

Na estrutura da peça, essa fantasia de Ismael opera como uma metáfora que reproduz o processo social de produção de sentido e de criação sígnica. A personagem explora a natureza convencional e arbitrária dos signos, cujo significado e valor são construídos social e ideologicamente. Como um agente produtor de sentido, ele repete os artifícios de nomeação e definição dos significados, arbitrariamente colados aos signos negro e branco, ao educar Ana Maria. Para escapar da discriminação racial, recupera o binarismo entre negro e branco a fim de promover-se de forma diferenciada diante da filha. Ele lhe ensina que o negro representa o mal, e o branco representa o bem e que ele, Ismael, é branco, logo, é bom. Essa manipulação cria duas realidades opostas: Ana Maria ama Ismael, pois pensa que ele é branco. A realidade de Ana Maria é, entretanto, uma falácia para o protagonista e para o espectador. A rede de relações engendradas por Ismael apenas reforça, para o espectador, a total impossibilidade de fixação semântica dos signos, porque ele vê que o sentido aprendido por Ana Maria se apoia em um feixe de referências falsas. Ela ama o branco e, por extensão, Ismael. Como este é negro, a brancura torna-se símile da negrura e ambas se cancelam, anulando, também, o sentido arbitrário que Ismael, em sua criação, reproduz.

Ana Maria é cega e não distingue cores, mas domina noções ligadas a cores, que são, socialmente, semantizadas. Portanto, a cor, em si, não tem sentido. O que a peça diz é que não se vê com os olhos, porém com os significados inscritos na mente por meio de um processo de associações que o olhar apenas reproduz. A mente da jovem é preenchida pelo discurso de Ismael, a única verdade que ela reconhece. Os signos com que ele a educa não designam seres particulares, mas, sim, convenções coletivas arbitrárias.

Através da fantasia de Ismael, Nelson Rodrigues desvela para o espectador os artifícios da produção sígnica e da criação de sentidos no processo de disseminação dos preconceitos. No texto, negro e branco são signos cujos valor e realidade não antecedem a palavra e o discurso que os constituem. O limite de sua significância é determinado, socialmente, pela escolha e reiteração de um entre seus vários valores possíveis, o que reduz, sempre, sua natureza polivalente. Fred Clark afirma: "Ismael é vítima dos valores simbólicos tradicionais de branco e negro na sua sociedade, esse mundo pretextual que existe antes de seus mundos artificialmente construídos. Ismael deseja o impossível; deseja ser branco em uma sociedade em que branco é a cor da raça dominante."[21]

Nelson Rodrigues, entretanto, subverte esses valores no texto, oferecendo ao espectador "novas possibilidades sígnicas", levando-o "a questionar suas próprias percepções e a ver as coisas de uma perspectiva diferente":

> Ao mesmo tempo, o dramaturgo subverte os mesmos signos dentro do mundo ficcional total que ele cria no palco. O espectador, que aceita os mesmos significados de branco e negro que Ismael aceita, começa a ver que a associação de negro com o mal e branco com o bem não se aplica dentro desse mundo. O espectador tem que repensar e reavaliar sua compreensão desses signos.[22]

Repetindo o discurso racista, Ismael faz circular uma fala social alienante, que o exclui e segrega. Na estrutura em abismo da peça, a concretização de sua fantasia criaria uma ficção dentro de outra ficção, da qual Virgínia apenas aparentemente seria excluída, já que Ana Maria, seu duplo, a repete especularmente. Concebido como uma caixa chinesa, ou uma sala de espelhos, o texto reproduz ao infinito os mesmos espaços, imagens e ficções. A casa de Ismael e Virgínia e a relação do casal são a matriz das várias outras representações dramatizadas. O quarto dos dois e o quarto de Ana Maria são imagens especulares e contíguas dessa casa/modelo, assim como a relação Ismael/Ana Maria duplica a relação originária Ismael/Virgínia.

21. F. Clark, A Criação da Realidade da Ficção em *Anjo Negro*, em IV *Jornada de Estudos Americanos, Identidade e Negritude nas Américas*, p. 10-11.

22. Ibidem, p. 13-14,

Todos os espaços e imagens são concebidos como representações de representações, encenações imaginárias de desejos e fantasias. O mausoléu de vidro, no qual Ismael pretendia isolar-se com a filha, simboliza esse universo ilusório, síntese do movimento circular das personagens.

Ao saber que seria expulsa da casa, palco de todas as representações possíveis e imaginadas, Virgínia reaproxima-se de Ismael e o seduz, recuperando sua posição de parceira no jogo de simulações. No fim do texto, eles encarceram Ana Maria no mausoléu de vidro e recomeçam sua relação ambivalente. O corpo profetiza o nascimento de um novo filho e sua morte precoce nas mãos da mãe. No sombreamento final do palco, negro e branco negam qualquer tentativa de oposição binária, porque seu significado novamente desliza e se desloca em um terreno movediço. No jogo de luz e sombra, luminosidade e escuridão, ser e parecer, as duas cores desenham um espectro polivalente, no qual predomina a ilusão, as convenções se desrealizam, os perfis se confundem e os limites se rompem. Assim, em *Anjo Negro*, o sentido dos signos negro e branco deixa de ser um pré-dado fixo, absoluto, pois os valores positivos e negativos (e sua subversão) se deslocam dinamicamente por todas as personagens, sem se fixar em nenhuma delas. Seu significado, portanto, só pode ser abstraído da relação que une os sujeitos e do contexto que os institui, visto que, na peça, o sentido dos signos negro e branco não se desvincula da inscrição dos desejos ali encenados.

Nesse meu percurso, o texto de Amiri Baraka, *Dutchman*, oferece um contraponto de análise, na medida em que a questão da identidade não galvaniza o texto, funcionando, em sua arquitetura, como uma das molas propulsoras da reviravolta da personagem, em cuja fala o autor veicula suas posições político-ideológicas de modo bem transparente.

Dutchman marca, no contexto teatral estadunidense, uma inovadora e polêmica abordagem de questões ligadas ao negro, impondo-se, formal e tematicamente, como um marco de referência distintivo para estudo e reflexão da dramaturgia e da expressão teatral negras nos Estados Unidos. O texto, que conquistou o Obie Award como a melhor peça do ano no circuito *off-Broadway*, estreou em 24 de março de 1964, permanecendo em cartaz até fevereiro de 1965, com sucesso de público e crítica, apesar das controvérsias e perplexidades que, então, despertou.

Com seus textos dramáticos, poesias, ensaios e engajamento no Black Arts Movement, Amiri Baraka tornou-se a mais expoente e polêmica figura do Teatro Negro estadunidense nos anos 1960 e 1970, engendrando um movimento teatral que denominou Revolutionary Theatre, através do qual buscava interferir no contexto social de modo efetivo. Procurando redefinir a atuação do negro no cenário social e político de sua sociedade, Baraka utilizou o palco como um instrumento eficaz de apelo e estímulo à consciência racial, visando uma modificação radical nas ações em prol da minoria negra e uma transformação contundente das imagens, ideias, conceitos e formas até então explorados pelo teatro em relação à figuração dramática do negro. Adaptando as formas vanguardistas a seus ideais de reconstrução crítica, o autor transformava "ideias e formas de arte *avant-garde* em formas e ideias negras, o Dadá branco em Dadá negro, a crítica ocidental vanguardista em crítica negra", tornando, ainda, nessa cruzada ideológica e artística, os estereótipos familiares ao imaginário social em "revolucionárias imagens negras para negros"[23], tudo isso aliado a formas tradicionais de expressão da cultura negra. Linguisticamente, a apropriação e a manipulação verbal na obra de Baraka refletem o mesmo objetivo de desconstrução de imagens e conceitos tradicionais, buscando ele, na desrealização da palavra encrática e da linguagem da doxa, a desrealização dos padrões usuais, com a projeção e criação de novas formas e conceitos operacionais.

23. W. Harris Jr., *The Poetry and Poetics of Amiri Baraka*, p. 17.

Consciente de que a cultura do branco tem criado e projetado imagens do negro polarizadas em torno de uma dualidade básica – o bem e o mal –, na qual o negro sempre figurou como símbolo do polo negativo, Baraka utilizou a própria dualidade para miná-la, na medida em que invertia a posição dos referentes dualistas, canalizando a tensão gerada por essa reversão para uma expectativa de reviravolta exemplar. Como afirma William Marris, para escapar ao "inferno branco", o dramaturgo buscou engendrar "uma radical transformação das imagens, ideias e formas brancas", criando contraimagens que pudessem destruir as dualidades (bem/mal, feio/bonito) ou, pelo menos, "estabelecer contradualidades que apelem tão forte e negativamente à consciência quanto as imagens brancas"[24].

Elemento mediador entre o sujeito e sua identidade, entre o eu e os outros eus, entre o sujeito e sua cultura, a linguagem expressa os valores através dos quais os seres se percebem e se deixam perceber, traduzindo sua posição individual e social e suas funções na sociedade e na cultura. Convicto de que a fala revela e movimenta o sujeito, Baraka procura, em toda a sua obra, subverter, inverter e perverter a linguagem (ou as linguagens) que nomeia e define o negro para si mesmo e para os outros. E busca fazê-lo, investindo contra as imagens totêmicas, quebrando-as, corroendo as falas paradigmáticas, rompendo as polaridades e dualidades fundadoras dos discursos racistas. "As palavras por si sós se tornam, mesmo informalmente, leis", escreve ele[25]. E são essas leis que o poeta e dramaturgo busca romper e corromper no seio da própria linguagem.

Em *Dutchman*, uma peça que se faz quase que exclusivamente através das palavras, Baraka executa essa tentativa de corrosão de imagens e da linguagem por meio de uma reversão radical e extensiva do discurso das personagens. A peça perverte a dualidade básica bem/mal, invertendo-a,

24. Ibidem, p. 25.

25. L. Jones (Amiri Baraka), The Revolutionary Theatre, *Home: Social Essays*, p. 168. (TM.)

deslocando as posições dos signos negro e branco, de modo que, gradualmente, o branco ocupe o lugar antes apenas reservado ao negro, projetando-o como expressão do mal.

Para tanto, o autor utiliza-se dos mesmos artifícios de construção que engendram as convenções estereotípicas. Ele não individualiza suas personagens, mas, antes, as constrói como projeções generalizantes, que agrupam em si certos atributos, com os quais os espectadores se defrontam progressivamente. Diante da alegoria que o palco constrói, o público é levado a confrontar-se com as noções usuais relativas aos signos raciais e com a ostensiva diluição dos seus conceitos operada pelo texto representado.

A peça compõe-se de um único ato, dividido em duas cenas, cuja ação se desenrola em um vagão do metrô de Nova York. Dois protagonistas, Lula e Clay, ocupam esse espaço, definido como o cenário do mito moderno, alocado no ventre da cidade. Lula é branca e tem 34 anos; Clay é um negro de 21 anos. Quando a primeira cena se abre, ele já está no vagão; ela o vê por uma das janelas e entra no trem. A ação da peça, econômica e sintética, progride em ritmo e velocidade alucinantes, como os do metrô, limitando-se a um diálogo nervoso e tenso entre as personagens. As duas são engajadas, desde o início, em um jogo de linguagem obsessivo, produzindo uma atmosfera de tensão ascendente, que culmina no assassinato do rapaz. A conversa se inicia com uma retórica comum, através da qual Lula e Clay desenvolvem um diálogo de réplicas e tréplicas, reagindo um à fala do outro, de modo aparentemente superficial e irrelevante. Esse recurso, de imediato, remete ao Teatro do Absurdo, porque alia a farsa e o grotesco na criação de uma atmosfera que sugere certo humor. Entretanto, na medida em que o diálogo evolui, o humor cede lugar à agressão e à ansiedade provocadas pela impossibilidade de comunicação entre os dois falantes. A linguagem, em vez de os aproximar, distancia-os, visto que suas falas se perdem no vazio referencial, que cria uma lacuna intransponível entre os dois.

O diálogo de Lula e Clay, supostamente descomprometido, transforma-se, desse modo, em um combate semântico, metamorfoseando os dois falantes em gladiadores verbais, cujas falas perscrutam e desvelam espaços muito mais profundos do que a retórica, na aparência vulgar, parecia sugerir inicialmente. Toda a ação realiza-se pelo manuseio da palavra de Lula e Clay, de suas entonações e inflexões, de sua habilidade em manipular o verbo e, através dele, projetar-se e representar-se. A ação encerra-se, assim, na própria expressão verbal. Segundo Kimberley Benston, "pode-se descrever a ação em *Dutchman* com a expressão de Pirandello, *l'azione-parlata*: ação falada ou ação em palavras"[26], através da qual o dramaturgo poderosamente imerge para além da superfície do discurso, explorando um universo muito complexo, denso e turbulento.

O embate entre os dois protagonistas é frenético, como o próprio movimento do metrô, que desliza nos subterrâneos, no profundo e volátil ventre da cidade (*in the flying underbelly of the city*), conforme o define Baraka[27]. Sugestões míticas, referências históricas, passadas e contemporâneas, aglutinam-se nas personagens e no trem navegador que metaforiza a cidade. O próprio título da peça sugere a variedade de alusões e sugestões que o texto explora. Historicamente, o nome *Dutchman* remete à embarcação holandesa, a Dutch Man-of-War, que inaugurou o tráfico de escravos para a América do Norte. O título também evoca o legendário Navio Holandês Voador, fantasma dos mares, condenado a uma perene e estéril viagem, sem porto de chegada ou descanso. No trem de Nova York, navio/metrô fantasmático, o casal de protagonistas lembra, ainda, o casal bíblico original. Lula está sempre degustando maçãs e oferecendo-as a Clay, o jovem Adão (Clay/barro), em um exercício de sedução que evoca a Eva paradisíaca, além de outras sedutoras célebres da mitologia.

26. K.W. Benston, *Baraka: The Renegade and the Mask*, p. 154.
27. L. Jones (Amiri Baraka), *Dutchman*, em *Dutchman and the Slave*, p. 3.

Nesse cenário condensado, espelho de uma série de sugestões e referências, o duelo verbal entre as personagens e o assassinato de Clay transmutam o Éden no inferno, símile do conflito e tensão das relações inter-raciais na sociedade estadunidense, sem qualquer intervalo temporal. Dessa forma, esse casal síntese do mito moderno recria uma situação paradigmática, tornando a peça "uma demoníaca paródia do mito edênico"[28]. Apesar dos avanços tecnológicos, representados pelo metrô, as relações raciais na América do Norte congelam-se, no contexto da peça, como se repetissem, diacrônica e perenemente, uma situação conflitante que conduz, inevitavelmente, à morte.

O mundo que Baraka produz no palco reflete um espaço de tensões insuperáveis e intransponíveis entre duas raças, que representam, no texto, dois modos diversos de pensar e agir, duas posições e lugares distintos e não cambiáveis – a do dominador e a do dominado. A peça, como afirma Helene Keyssar, "presume nossas diferenças e as confronta". Seus recursos estratégicos essenciais "afetam não o que os espectadores brancos e negros compartilham como seres humanos", mas o que os separa "como estadunidenses brancos e negros"[29]. Explorando as dualidades tradicionais em torno dos signos negro e branco, em uma oposição binária, o dramaturgo, em *Dutchman*, inverte os referentes e amplia essa dicotomia de tal modo que exclui qualquer possibilidade de comunicação e harmonização entre as duas raças ali representadas enquanto persistirem os elementos internos e externos que definem as personagens, sua posição e visão de mundo.

Desde o início, o confronto semântico entre os protagonistas se delineia, no olhar mesmo que se cruza através da janela do metrô, um olhar/vitrine, de duplo significado e conotação diversa para ambos. Lula interpreta o olhar de Clay como o convite de um amante em potencial, um

28. K.W. Benston, op. cit., p. 157.
29. H. Keyssar, *The Curtain and the Veil*, p. 150.

perverso sexual que a cobiça pela janela do metrô, expondo-se e atraindo-a. Clay nega tê-la encarado e diz que seu olhar fora abstrato, casual, sem conotação precisa. Lula insiste em rotulá-lo como sedutor. Entretanto, desde sua entrada no vagão, é ela quem se insinua para o rapaz, revelando-se, desde os primeiros traços, como imagem/símbolo da sedução, com gestos e movimentos corporais de estudada sensualidade. No decorrer do texto, outros sinais vão-se agrupando na figura da jovem – voluptuosidade, mentira, domínio, opressão, fingimento, simulação, ódio, descontrole, histeria –, definindo-a, aos olhos de Clay e do espectador, como protótipo da perversão e do demoníaco e como símbolo do mal.

No seu ritual de sedução, Lula procura criar uma atmosfera de intimidade com um discurso/revelação, ou discurso/verdade, através do qual pretende demonstrar um conhecimento prévio sobre Clay, sua vida, seus amigos, suas ambições. Ela fala dos amigos dele, como se os conhecesse, busca decodificar seu caráter, analisando-lhe o traje, diz saber-lhe o nome e adivinha sua vontade de conquistá-la. Na verdade, a fala da protagonista revela um desejo especular, na medida em que ela projeta em Clay suas próprias fantasias sexuais. Ela verbaliza seu desejo, quando pretende expressar os pensamentos de Clay: "You think I want to pick you up, get you to take me some where and screw me, huh!?" ("Você acha que eu quero pegar você, fazer você me levar para algum lugar e me ferrar, hã?") Em face da surpresa do rapaz, acrescenta:

> LULA: You look like you been trying to grow a beard. That's exactly what you look like. You live in New Jersey with your parents and are trying to grow a beard. That's what. You look like you're been reading Chinese poetry and drinking lukewarm sugarless tea.[30]

30. L. Jones (Amiri Baraka), op. cit., p. 8; "LULA: Sua aparência é de quem está deixando a barba crescer. Sua aparência é exatamente essa. Você mora em Nova Jersey com seus pais e está deixando a barba crescer. É isso. Parece que você anda lendo poesia chinesa e bebendo chá morno sem açúcar."

Curioso e perplexo, Clay se interessa por saber como Lula adquirira todo esse *conhecimento* sobre sua vida. É, então, que ela lhe revela que mente muito e que a mentira é uma das suas formas de controlar o mundo. Ela não sabe nada especificamente sobre Clay, mas simula esse saber, baseando-se nas ideias preconcebidas que detém sobre o negro. Assim, mentir e simular são estratégias de controle, através das quais a protagonista subjuga seus oponentes. Clay não lhe interessa como indivíduo particular, diferenciado, singular, mas, sim, como um signo do coletivo a que ela imprime sentido. Ela o reconhece como uma imagem-modelo, convencional, apriorística, "um tipo bem conhecido", como esclarece:

CLAY: Hey, you still haven't told me how you know so much about me.
LULA: I told you I didn't know anything about you... you're a well-known type.
CLAY: Really?
LULA: Or at least I know the type very well. And your skinny English friend too.
CLAY: Anonymously?[31]

Nesse jogo de réplicas e tréplicas, o lance de revelação do nome próprio dos protagonistas reveste-se de significado simbólico. De início, Lula identifica-se como Lena, a hiena. Essa autodesignação expande as referências negativas da personagem. Como Eva, a tentação, como a mentira, ou como a hiena que se alimenta da carne dos seus mortos, Lula vai sendo definida como a encarnação do mal. Ao assumir a máscara de hiena, com suas risadas estridentes, ela completa o círculo armado em volta de Clay, delineando o espaço social habilmente traçado por Baraka. Não há possibilidade de fuga ou evasão para o jovem. Ou

31. Ibidem, p. 12; "CLAY: Ei, você ainda não me disse como sabe tanto sobre mim. / LULA: Eu lhe disse que não sei nada sobre você... você é um tipo bem conhecido. / CLAY: Sério? / LULA: Ou pelo menos eu conheço o tipo muito bem. E seu amigo inglês magrelo também. / CLAY: Anonimamente?"

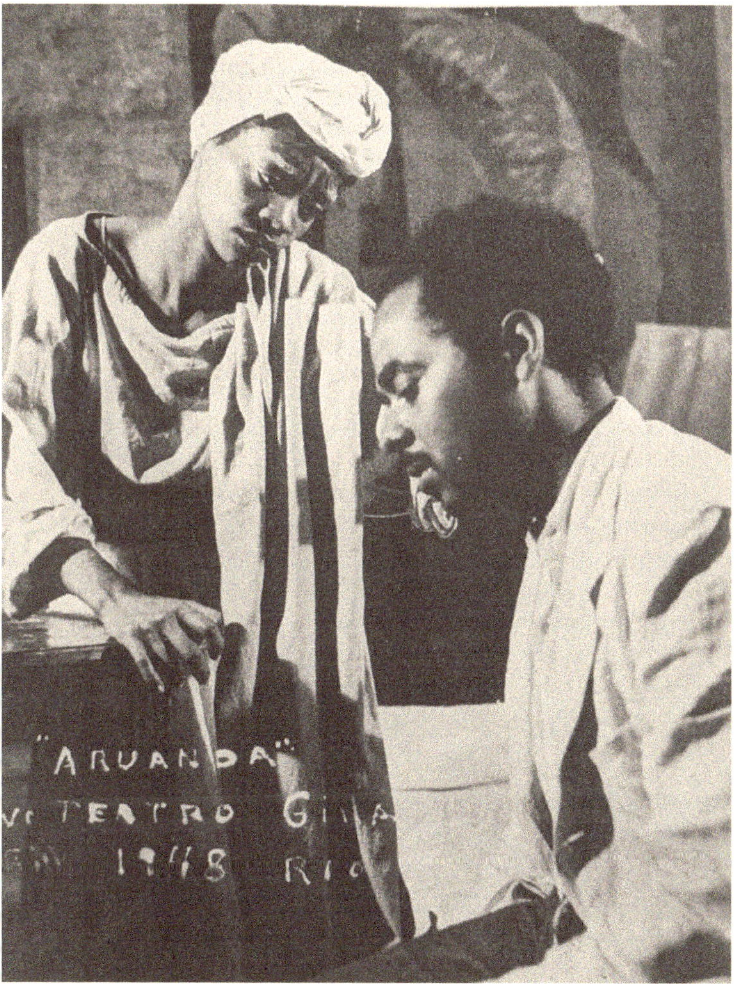

Aruanda *com Ruth de Souza e Abdias Nascimento. Teatro Ginástico, Rio de Janeiro, 1948.* (Coleção IBAC.)

ele representa o papel de Adão, como partícipe do jogo de sedução de Lula-Eva, ou enfrenta as garras de Lula-hiena. Lula faz com que Clay, possivelmente pela primeira vez, se confronte consigo mesmo na encruzilhada de uma autodefinição. Para Clay (barro/massa), nesse momento ela funciona como um espelho do possível. E é desse espelho que ele encara, em contraste, as alternativas que lhe estão reservadas na arena do conflito racial. Forjar-se como jovem Adão é introjetar a imagem estereotípica prevista por Lula; fugir a essa via significa, no cenário da peça, escolher a luta e, provavelmente, a morte.

Paradigma da classe média branca, Lula é desenhada como perversa, discriminadora, mensageira da morte, mentora e agente de uma ação de aliciamento que só se conclui com a morte de seu antagonista. Dogmático e prescritivo, seu discurso revela uma série de conceitos preconcebidos sobre o negro. Generalizantes e uniformes, esses conceitos antecedem qualquer referência individual, designando os seres coletivamente. Tão logo vê Clay, Lula nele reconhece o tipo racial anônimo inscrito e grafado em sua mente. Clay é moldado como o oposto de Lula – idealista, sonhador, um adolescente ainda que, gradativamente, se vai formando aos olhos do espectador. Com suas réplicas irônicas, ele, aos poucos, bloqueia e desconstrói a fala de Lula, rompendo com toda a ilusão de reconhecimento exposta pelo discurso dela. A fala de Clay funciona como um ruído que interfere na rede discursiva de sua antagonista, interditando os conceitos por ela veiculados.

Clay revela-se suficientemente perspicaz para compreender que participa de um jogo verbal, do qual, aos poucos, cria consciência. Ainda que Lula pareça deter o comando do jogo, antecipando as iniciativas, ele, com suas respostas calmas e evasivas sarcásticas, não parece envolvido na representação. Participante e espectador do jogo/combate, age de forma fria e distante, o que lhe permite, com muita sagacidade, anular o sentido do discurso de Lula, confrontando-o com sua natureza de mentira.

O domínio do código e de suas sutilezas empresta-lhe o poder de brincar com as palavras. Lula, pelo contrário, não parece revelar esse poder e consciência. Ela atua impulsivamente, representando, por ações e palavras, o que sua linguagem expressa. Eis por que as respostas de Clay, minando seu discurso, têm a eficácia de romper sua estrutura. Clay a neutraliza, rompendo o sentido de sua fala, tornando-a vazia, sem referente. Por isso, o seu desconcerto e frustração nos momentos em que ele, com seu discurso/negativa, desestabiliza e rompe sua base de sustentação – a imagem estereotipada:

CLAY: Are you going to the party with me Lula?
LULA (*bored and not even looking*): I don't even know you.
CLAY: You said you know my type.
LULA (*strangely irritated*): Don't get smart with me, Buster. I know you like the palm of my hand.
CLAY: The one you eat the apples with?[32]

De início, Clay participa desse jogo de representações de forma lúdica, parecendo divertir-se com as encenações de sua parceira. Elemento de uma farsa, de um jogo de máscaras, ele alimenta e estimula as ações verbais e não verbais de Lula, não estabelecendo ou forçando limites para a situação. Aceita brincar, mas o que é uma brincadeira, para ele, reveste-se de gravidade para Lula. As imagens e conceitos sobre o negro, inscritos em sua mente, podam-lhe a possibilidade de ver em Clay um signo plural, diferente de suas noções de valores. Ele é, para ela, uma vitrine do invisível e do indizível. Ela apenas vê e ouve imagens e sons gravados pela sua vontade e desejo, como se Clay fosse uma carta marcada, que ela decifra sem hesitação. Clay é lido, assim, como um signo monovalente, cujo

32. Ibidem, p. 17-18; CLAY: Você vai à festa comigo, Lula? / LULA (*chateada e nem mesmo olhando*): Eu nem conheço você. / CLAY: Você disse que conhece meu tipo. / LULA (*estranhamente irritada*): Não dê uma de inteligente comigo, Buster. Eu conheço você como a palma da minha mão. / CLAY: A mesma que você usa para comer as maçãs?

sentido é uma síntese de atributos previamente definidos, à revelia de ambos.

O final da primeira cena prenuncia a ostensiva transformação do jogo em um ritual de morte. O clima sombrio e o acirramento da tensão são antecipados pela mudança de tom na dicção de Lula. Já sem controle, ela acusa seu antagonista de ser um assassino, encerrando a cena com um grito histérico e estridente. Esse grito pontua, no texto, uma metamorfose já antes anunciada: a face/máscara de Eva cede lugar, na figuração de Lula, à máscara de hiena, que prevalece na segunda cena.

A atmosfera de semi-intimidade e meia sombra, que envolvera o combate verbal da primeira cena, transforma-se agora. Outras pessoas ocupam os espaços antes vazios do vagão, compondo um público interno à própria peça. Na cena, a partir de então, pública, Lula tentará fazer prevalecer suas convicções. Esse público, do qual é porta-voz, funciona de dois modos: é testemunha complacente dos atos das personagens e cúmplice das ações de Lula. Espectador privilegiado, que está em cena mas fora do seu núcleo, o coro silencioso só participa efetivamente da ação em seu desfecho, quando, sob as ordens da protagonista, atira o cadáver de Clay pela janela. Duplicando a plateia, como uma outra representação da sociedade estadunidense, o grupo de passageiros anônimos acentua a imobilidade social, o consentimento e a indiferença da sociedade estadunidense diante da violência racial. Assim como Lula e Clay parecem reproduzir uma performance repetida, o coro, ironicamente, com seu silêncio e indiferença, ratifica a natureza cotidiana da situação representada.

Já no início dessa cena, a postura agressiva de Lula se acentua. Ela parece dar-se conta, finalmente, da impossibilidade de adequar o rapaz a um molde predefinido. Clay a confunde pela sua capacidade de movimento, enquanto ela, apesar dos gestos e apelos corporais, vai-se tornando estática, fixa e presa por seu raciocínio monológico, não dialético:

LULA [...]: Except I do go on as I do. Apples and long walks with deathlers intelligent lovers. But you mix it up. Look out windows, all the time. Tuming pages. Change Change Change.[33]

Nos limites de sua resistência, em tons frenéticos e sem controle, Lula passa a atacar o rapaz violentamente, com insultos explícitos. Ela o chama de "assassino", "negro fugitivo", "Uncle Tom", "um sujo homem branco". Clay tenta ignorar os insultos e trazê-la de volta ao jogo esquecido da sedução. Isso a irrita ainda mais, pois o convite se converte em sinal de que o rapaz resiste às provocações que o rotulam de assassino em potencial, mascarado de bom moço:

LULA: Screw yourself, uncle Tom. Thomas woolly head. There is uncle Tom... I mean, Uncle Thomas Woolly-Head with, old white matted mane. He hobbles on his wooden cane. Old Tom. Old Tom. Let she white man hump his ol' mama, and he jes'shuffle off in the woods and hide his gentle gray head. Ol' Thomas Woolly-Head.[34]

Finalmente, nesse ponto, a reação de Clay acontece, como um *turning-point* da personagem, que a faz agir e não mais brincar, ou evadir-se. No clímax do texto, ele reage com um discurso/monólogo firme, transparente, raivoso. Clay muda. A mudança do protagonista, no desfecho do ato, chama a atenção para uma questão, até então sutilmente esboçada no texto: a problemática da identidade. A agressividade e violência dos desafios de Lula fazem Clay confrontar-se com o drama de sua identidade de negro, do

33. Ibidem, p. 28; "LULA [...]: Exceto que eu de fato continuo como tal. Maçãs e longas caminhadas com amantes inteligentes e imortais. Mas você mistura tudo. Olhe pelas janelas, o tempo todo. Páginas virando. Mudança Mudança Mudança."

34. Ibidem, p. 32; "LULA: Vai se ferrar, Pai Tomás. Tom-Cabeça-de--Lã. Aí está o Pai Tomás... digo, o Pai Tomás cabeça de lã com uma crina branca emaranhada. Ele manca com sua bengala de madeira. Velho Tomás. Velho Tomás. Deixe o homem branco trepar com sua velha mãe, e vai embora para a floresta, escondendo sua gentil cabeça cinza. Velho Pai Tomás cabeça-de-lã."

qual, todo o tempo, tentara esquivar-se. Para enfrentar sua oponente, ele precisa enfrentar-se a si mesmo, desvestir-se da máscara de moço bem-comportado e descomprometido, máscara que veste para si mesmo e para os outros. Clay, na verdade, escondera-se sob o disfarce do jovem intelectual assimilado. Sua aparência, seus gostos, sua vontade de tornar-se um *Baudelaire negro* exprimem o desejo inconfesso de adaptar-se ao mundo e à cultura brancos, de ser menos negro. No entanto, apesar da aparência, ele sabe (e Lula lhe lembra isso) que o traje, a educação, a formação intelectual não camuflam sua posição marginal em uma sociedade que a peça define como perversa, discriminadora, racista, castradora e violenta. Ao longo do texto, Clay não se deixara conhecer de forma transparente; não se expusera nem se definira. Lula, ao contrário, é transparente, embora se queira simulada, opaca. Sua fala a revela de modo linear. A linguagem de Clay, no entanto, é sutil, irônica e corrói os enunciados de Lula muito mais pelo que sugere ou pelo que desdiz. Nesse sentido, ele a ilude, pois não é o *Uncle Tom* que aparenta ser nem o negro perverso que ela desejaria que fosse. Suas réplicas infiltram-se na enunciação de Lula, rompendo suas normas e alusões, negando-a sarcástica e sutilmente.

Até o momento de sua postergada reação, Clay age como um parceiro que se diverte com a retórica, com a própria ação de jogar, um jogador que amadurece e se torna viril, na medida em que o jogo o faz confrontar-se, antes de tudo, consigo mesmo. Lula, ao contrário, não joga; ela vivencia o jogar como único caminho e verdade. Suas palavras/cartas estão expostas, marcadas e datadas. Sua linguagem encrática, normativa, expressa a verdade em que acredita, da qual participa e que a move. Lula é, assim, presa de seu próprio discurso, pela clausura mesma do sentido de uma fala autocrática, que aponta em uma única direção: a figuração monolítica, unidimensional e dogmática do negro, seu objeto de referência. Clay, por seu lado, desempenha o jogo deslizante dos significantes e dos significados, esvazia o que está cheio e repleto no discurso de Lula, desfolha-o. Ele quebra a clausura do sentido, realçando o seu plural; desvela o estereótipo como um efeito de linguagem parasitário. O clímax da peça traduz esse momento de tensão máxima entre os dois protagonistas, o que revela, no seu contexto, o combate entre dois mundos definidos como opostos, excludentes e distintos em seu modo de ser e ver. Nas entranhas da cidade, Lula, pantomima da luxúria, da mentira, da perversidade, força antivida, defronta-se com Clay, um jovem Adão em processo de devir, um ser trágico, "nu e só", mirando "a misteriosa, demoníaca e difícil verdade em si mesmo", contemplando "as forças que o circundam e que aparentemente o controlam"[35]. O ritmo alucinado do trem-fantasma, os *flashes* de luz que, momentaneamente, clareiam o vagão, como relâmpagos, sugerem o acirramento das tensões e as transformações interiores das duas personagens, prenunciando um desfecho macabro.

A fúria de Clay, finalmente, explode no rosto de Lula. Ele a estapeia e parece prestes a converter-se no assassino por ela idealizado. No entanto, ainda é pela retórica que ele a combate. Num monólogo longo, que quebra a forma fluida e veloz das frases até aí predominantes, Clay, em um tom enérgico, desmonta os insultos e assertivas de Lula. Afinal, ele se define, expressando seu ódio e sua disposição de não assumir ou fingir incorporar a imagem estereotípica. Ele devolve os insultos de Lula e faz uma longa digressão sobre o desejo do branco de figurar o negro em determinados padrões, acentuando a não compreensão daquele em relação a este:

> CLAY: [...] Luxury. In. your face and your fingers. You telling me what I ought to do. Well, don't! Don't tell me anything! [...] let me be who I feel like being. Uncle Tom. Thomas. Whoever. It's none of your business. You don't know anything except what's there for you to see. An act lies. Device. Not the pure

35. K.W. Benston, op. cit., p. 161.

> heart, the pumping black heart. You don't even know that. And I sit here, in this buttoned-up swit, to keep myself from cutting all your throats. I mean wantonly. You great liberated whore! You fuck some black man, and right away you're an expert on black people. What a lotta shit that is.[36]

O monólogo de Clay faz coincidirem, na estrutura do texto, dois elementos clássicos: a reviravolta e o reconhecimento. É nesse ponto que ele, afinal, parece compreender toda a extensão e complexidade de sua situação, traduzindo as atitudes de Lula não como um exercício lúdico inofensivo, mas, sim, como um duelo no qual ele, Clay, é o alvo. Seu monólogo traduz a passagem da ignorância ao conhecimento e uma resolução do seu drama interior, particular, em relação à sua identidade negra. Clay se reconhece. E é esse reconhecimento que mobiliza o discurso que dirige a Lula, rompendo definitivamente a máscara de passividade, permissividade e bom comportamento que utilizara até então.

A longa fala de Clay desconstrói, de forma radical, a enunciação e os conceitos de Lula, invertendo, também, as posições de poder entre os dois. Ele, agora, toma as iniciativas da fala, dirige a cena e modula a linguagem, não para ironizar, mas para afirmar, agredir, desmanchar. Devido à sua colocação no texto, condensando os momentos de reconhecimento e reviravolta, e por sua elaboração formal, o discurso de Clay se destaca, apontando para duas direções: é "um veículo de expressão da autodescoberta de Clay" e "um manifesto de Baraka sobre a liberação negra"[37].

36. L. Jones (Amiri Baraka), op. cit., p. 34; "CLAY: [...] Luxúria. Em sua face e em seus dedos. Você me dizendo o que devo fazer. Ora, não! Não me diga nada! [...] me deixe ser quem eu sinto que sou. Pai Tomás, Tomás. Quem quer que seja. Isso não é da sua conta. Você não sabe nada, exceto o que está aí para você ver. Encenação. Mentiras. Ardis. Não o coração puro, o pulsante coração negro. Você nem sequer sabe o que é isso. Se eu me sento aqui, com esse terno abotoado, é para evitar cortar as gargantas de todos vocês. Quero dizer, sem medir as consequências. Sua grande vadia emancipada! Você transa com um negro e automaticamente se torna um *expert* em pessoas negras. Que monte de bosta é isso tudo."

37. K.W. Benston, op. cit., p. 164.

Com suas assertivas, a personagem desmitifica o pseudoconhecimento que Lula detém sobre os negros, seus ideais, sua cultura. No universo fantasioso de Lula, em particular, e do branco, em geral, matar o branco, afirma Clay, vestir a máscara assassina idealizada, corresponderia a uma afirmação do desejo do próprio branco e uma adequação ao estereótipo. Clay reverte esse paradigma imaginário, recusando-se a cumpri-lo. Ele afirma sua identidade negra pela negação e avesso da máscara desenhada por Lula. Sua afirmação como sujeito se constrói, assim, na peça, através da negação do desejo do outro. E é essa negativa, na composição do texto, que erige a barreira que vai separá-lo de Lula, a metáfora do mal. O monólogo de Clay, como um libelo, contém, ainda, uma advertência que antecipa e vislumbra o acirramento dos conflitos raciais que a década de 1960 viria a presenciar: se o negro chegasse a incorporar as ideias do branco, poderia matá-lo com suas próprias armas e violência, encontrando, no discurso do branco, as justificativas racionais para suas ações:

> CLAY: Don't make the mistake, through some irresponsible surge of Christian charity, of talking too much about the advantages of western rationalism, or the great intellectual legacy of the white man, or maybe they'll begin to listen. [...] They'll murder you, and have very rational explanations. Very much like your own. They'll cut your throats, and drag you out to the edge of your cities so the flesh can fali away from your bonés, in sanitary isolation.[38]

Com seu monólogo, Clay atinge a maturidade e envelhece precocemente. Ele destrói a imagem projetada por Lula e se alça como um ruído desestabilizador, que rompe a rede

38. L. Jones (Amiri Baraka), op. cit., p. 36; "CLAY: Não cometa o erro, mediante algum irresponsável surto de caridade cristã, de falar demais das vantagens do racionalismo ocidental, ou do grande legado intelectual do homem branco, pois talvez eles comecem a lhe escutar. [...] Eles matarão vocês e terão explicações muito racionais. Iguais às suas. Eles cortarão suas gargantas e arrastarão vocês para as bordas de suas cidades para que a carne possa cair de seus ossos, em isolamento sanitário."

discursiva de sua oponente, interditando os conceitos e padrões por ela veiculados. Ao término de sua fala, ele tenta sair do metrô e evadir-se do túmulo no qual o vagão se transformara, sendo, então, assassinado por Lula. Entre a visão de mundo expressa pelo discurso/verdade de Lula e o discurso/negação de Clay, irrompe o vácuo, a não comunicação, palco da interdição e do conflito que levam ao assassinato do rapaz e à sua castração simbólica. No espaço da representação engendrada por Baraka, "não ser um negro é ser um sujo homem branco" e "não dançar com Lula, no drama a emissária da classe média branca, é escolher a morte como parceira"[39]. Lula é quem mata Clay, convertendo-se, assim, no papel de agente da ação, em referente do discurso que o tinha como objeto. Seu desejo de vê-lo encarnando pessoa de assassino nato revela-se, portanto, uma projeção de sua própria face de hiena, definindo-a, figurativamente, como símbolo do mal. No espaço ritual da morte, o texto instaura uma mensagem, síntese dos ideais separatistas que vigoraram nos anos 1960 nos Estados Unidos: não haveria possibilidade, naquele momento e sob aquelas circunstâncias, ou seja, enquanto prevalecessem as condições que geravam os conflitos ali dramatizados, de integração e de convivência harmoniosas entre negros e brancos.

A encenação dessa imagem da sociedade estadunidense como castradora e violenta representa uma mudança de dicção acentuada no contexto teatral dos Estados Unidos, no período estudado. Analisando as relações entre o texto representado, os meios de produção e o público, Helene Keyssar observa:

> Para a classe média branca estadunidense, que adquire a maioria de ingressos teatrais nos Estados Unidos, a performance dramática é, então, um ato de reiteração: os mundos que ela vê ali contêm tanto a dor quanto o prazer, mas o padrão desses mundos não perturba o mundo que o espectador já conhece.[40]

39. C. Oliver; S. Sills (eds.), *Contemporary Black Drama*, p. 213. (TM.)
40. H. Keyssar, op. cit., p. 3-4.

O teatro negro dos anos 60, especialmente o Teatro Revolucionário idealizado por Baraka, rompe com essa visão especular ressaltada por Keyssar. Peças como *Dutchman* trazem ao palco a imagem problematizada de uma América equidistante do mito do Eldorado – uma América insana e castradora, que não reconhece o outro em sua diferença e singularidade, que opta por destruir os que não se moldam ou não se conformam a seus ideais, noções e valores dominantes. Nesse sentido, o teatro e drama negros irão revelar, na época, "com claridade perigosa que a América não é uma sociedade sem classes, com uma única e coerente visão dramática"[41].

O Teatro Negro será definido por Baraka como um "teatro político", uma arma "de acusação e ataque", "que deveria forçar mudanças; ser mudança"[42]. Em *Dutchman*, já se esboça o que estará explícito nas peças subsequentes do dramaturgo; a incitação a uma ação mais efetiva e radical dos negros e de toda a sociedade. Ela subjaz no próprio monólogo de Clay e, depois de sua morte, na saudação "Hey brother" que um condutor negro dirige ao adolescente, um duplo de Clay, que entra no vagão e ocupa seu lugar. O gesto, comum naquela década, um símbolo de irmandade e solidariedade entre os negros, talvez insinue que, através da ação coletiva, o ritual da morte instalado no útero da cidade/mãe, e para o qual Lula de novo se prepara, possa ser, enfim, interrompido. Na saudação do condutor, Baraka deixa, assim, tênue sinal de ainda existir, naquele momento e contexto, uma possibilidade de se interditarem as trilhas de *Dutchman* e de este fugir à configuração simbólica de uma perene e estéril viagem, como a do Navio Holandês Voador, cuja lenda o título, sugestivamente, evoca.

41. Ibidem, p. 9.
42. L. Jones (Amiri Baraka), The Revolutionary Theatre, *Home: Social Essays*, p. 210.

Em suas mais ricas realizações, o Teatro Negro, ao abordar a temática de identidade racial, expõe, de forma diversa e variada, como lembram *The Owl Answers*, *Anjo Negro* e *Dutchman*, toda a complexidade que subjaz na formação dos sujeitos e das próprias imagens que se elegem para representá-los. A análise dessas peças me permite expandir o olhar sobre um dos motivos por ele encenados – a constituição do sujeito como imagem e desejo.

Através da construção da máscara dramática, as peças aqui estudadas suscitam uma pluralidade de questões referentes à representação teatral e social do negro, seu signo privilegiado. Que torna o negro negro? Que desejos movem seu olhar em face do olhar desejante do branco, sua máscara/contraponto? Que miragens, afinal, inscrevem e imprimem certos sentidos colados a uma cor, metonimicamente traduzida como uma raça e uma cultura, na sintaxe das relações sociais? Na reelaboração das imagens dramáticas que simulam os indivíduos e suas relações intersubjetivas, na reestruturação dos papéis, no movimento sinuoso das personagens, o Teatro Negro reflete essas indagações, acenando para a complexidade inerente ao sujeito e à sua representação cênica. A criação da *persona* dramática representa, portanto, um dos elementos mais eficazes para a reflexão sobre esse leque de questões, no projeto de desvelamento sígnico e semântico que esse teatro opera e produz.

A personagem dramática é o elemento catalisador de toda a produção de sentido no drama, na medida em que para ele convergem os variados signos constitutivos da performance. Para o espectador, a personagem materializa o sujeito que simula, pois preenche a ausência do referente e o vazio que toda representação disfarça, com o corpo e a voz que o ator lhe empresta. A personagem, através do ator, ocupa o palco e se torna espelho que atrai o olhar do espectador, como um mirante que fixa e prende esse olhar, sendo praticamente inviável imaginar-se uma encenação que se realize, plenamente, sem essa imagem hilética, material:

> Em todas as artes literárias e nas que exprimem, narram ou representam um estado ou estória, a personagem "constitui" a ficção. Contudo, no teatro, a personagem não só constitui a ficção, mas "funda", onticamente, o próprio espetáculo (através do ator). É que o Teatro é integralmente ficção, ao passo que o cinema e a literatura podem servir, através das imagens e palavras, a outros fins (documento, ciência, jornal). Isto é possível porque, no cinema e na literatura, são as imagens e as palavras que "fundam" as objectualidades puramente intencionais, não as personagens. É precisamente por isso que no próprio cinema e literatura ficcionais as personagens, embora realmente constituam a ficção e a evidenciem de forma marcante, podem ser dispensadas por certo tempo, o que não é possível no teatro. O palco não pode permanecer vazio.[43]

Keir Elam aponta uma série de fatores que se agrupam sob o signo da *dramatis personae*, entre eles seu estatuto de protagonista ou antagonista, sua natureza pessoal ou coletiva, seu movimento dialógico, intertextual, a par dos vários signos cênicos, suas características físicas, concluindo: "Como falante, a personagem: a. propõe mundos possíveis e revela atitudes propositais; b. entra em relações dialéticas com seus interlocutores; c. manifesta-se como uma força retórica particular, com seu próprio estilo ou idioleto."[44]

Como o signo que movimenta toda a ação da peça e para o qual convergem os variados elementos da representação, a personagem condensa, cognitivamente, os atributos que estimulam a percepção sensível do espectador. Esta simula, concretamente, seu objeto, materializando, por intermédio do ator, um elevado grau de iconicidade, aponta determinadas particularidades do sujeito objectualizado, de natureza física, psicológica, emocional e social, cria

43. A. Rosenfeld, Literatura e Personagem, em A. Rosenfeld et al., *A Personagem de Ficção*, p. 31.

44. H.J. Elam Jr., *The Semiotics of Theatre and Drama*, p. 133.

uma noção conceitual generalizante e simbólica, o que, na atmosfera da ilusão cênica, induz o espectador a imaginar que o signo é a coisa que representa ser.

Desse somatório sígnico advém o poder de convencimento da personagem dramática, que estimula, com muito maior vigor, as reações do público. A personagem seduz o espectador. Com ela, imaginariamente, nos identificamos, positiva ou negativamente, projetando nela, alucinadamente, as várias máscaras que habitam nosso inconsciente. Na imagem que se projeta na personagem, nos reconhecemos ou nos deixamos reconhecer, vestindo, na sombra da plateia, que nos protege e permite a irrupção do desejo, os variados papéis que deslocam a máscara do rosto do ator para a nossa face de espectadores/personagens desejantes. No teatro, podemos burlar a censura, sem constrangimento, assumindo, em um intervalo de tempo real e imaginário, esse outro (ou outros) que a repressão cotidiana enclausura em nossa mente[45].

As peças aqui focalizadas exploram essa natureza projetiva da personagem, forçando o espectador a confrontar-se com imagens nem sempre familiares à sua imaginação, desafiando sua percepção e identificação imediatas. Deslocando os modelos de representação do negro e do branco, promovendo a flutuação dos papéis e dos sentidos, esse teatro dificulta a ancoragem definitiva do espectador em um determinado aspecto ou traço da *persona* que transita em cena. Na figuração da personagem, o Teatro Negro simula, assim, a própria complexidade dos sujeitos, em contínuo e perene processo de constituição e de devir, buscando traduzir, na construção cênica do indivíduo, o traço constitutivo do outro que mediatiza, dialeticamente, a noção de centro, onde se fixa o eu, e de margem, onde se posta esse outro. Nessa via de elaboração, o Teatro Negro, insistentemente, relembra o que, há muito,

45. No texto "A Ilusão Cômica, ou o Teatro Sob o Ponto de Vista do Imaginário", O. Mannoni analisa detalhadamente a relação espectador/personagem e suas projeções.

a psicanálise nos ensina: diante do outro e de nós próprios, somos uma imagem, uma confluência de linguagens, um signo que nos representa para nós mesmos e para o outro, do qual sempre expectamos o amor e o reconhecimento. Barthes diz que "a linguagem (dos outros) me transforma em imagem, como a batata bruta é transformada em frita"[46]. A linguagem que transforma o sujeito em imagem é, por sua vez, signo de desejo, reflexo de olhares imaginários que têm sobre ele, como o seu próprio olhar sobre o outro, poder de constituição. Todas as relações humanas passam por esse crivo do olhar desejante do outro. "É o desejo que efetua a estruturação primitiva do mundo humano, o desejo como inconsciente", revela Lacan, na esteira de Freud[47]. O desejo, sabe-se, assinala uma falta, marca uma carência e se estabelece, no inconsciente, como signo de privação. É o motor de todo sujeito e de qualquer relação pessoal, íntima ou social. Sua coreografia desenha o percurso dos indivíduos e dos grupos sociais, imprimindo uma marca nos afetos e conflitos humanos. Marilena Chauí, ecoando Lacan, assim sumariza o impulso motor do desejo no movimento do sujeito e das relações humanas:

> Seja como desejo de reconhecimento, seja como desejo de plenitude e repouso, o desejo institui o campo das relações intersubjetivas, os laços de amor e ódio e só se efetua pela mediação de uma outra subjetividade. Forma de nossa relação originária com o outro, o desejo é relação peculiar porque, afinal, não desejamos propriamente o outro, mas desejamos ser para ele objeto de desejo. Desejamos ser desejados, donde a célebre definição do desejo: o desejo é o desejo do desejo do outro.[48]

Posso, assim, retomar a frase de Barthes, para afirmar que, em verdade, o desejo dos outros é que transforma o sujeito em imagem, como o traço que o carbono imprime na folha

46. R. Barthes, A Imagem, *O Rumor da Língua*, p. 355.
47. J. Lacan, op. cit., p. 282.
48. M. Chauí, Laços do Desejo, em A. Moisés (org.), *O Desejo*, p. 25.

em branco. E é a inscrição e movimento do desejo que o Teatro Negro realça, ao problematizar as imagens clássicas que desenham os indivíduos com atributos essencialistas, fixos e emblemáticos, contrapondo-os a outras figurações, que traduzem o sujeito como construção de desejo, signos que só se constituem e geram sentidos através de uma mútua relação designativa. Pela via de construção da personagem, o Teatro Negro contrapõe, portanto, à imagem estereotípica clássica, outras figurações e fabulações que ferem a linearidade da cena tradicional e desafiam o imaginário do espectador, realçando, criticamente, a redução de sentido a que o estereótipo induz.

O estereótipo, segundo Barthes, "julga-se mais perto da verdade, porque indiferente à sua natureza de linguagem", sendo estruturado "por uma necrose de linguagem, uma prótese que vem tapar um buraco da escritura", ou de qualquer representação, é possível acrescentar[49]. No estereótipo: exercita-se um modo de apreensão e domínio da realidade, que reduz a diversidade e a pluralidade à unidade; cristalizam-se certos *saberes*, que se elegem como verdade; ou demonstra-se uma completa ignorância em relação a um outro que não é totalmente igual ao sujeito e do qual se hesita em reconhecer a diferença. Narciso, afinal, sempre desconfia do que não é espelho, como nos sugere Caetano Veloso, em "Sampa".

A imagem estereotípica suscita uma "imensa gargalhada", mas é grave, adverte Barthes[50]. Grave, pode-se concluir, porque estigmatiza as diferenças; grave, porque maximiza, grotesca ou jubilosamente, os índices da alteridade; grave, porque circula como verdade social, veiculando e legitimando relações de poder e domínio. O estereótipo, em síntese, abafa e dilui a própria percepção e reconhecimento do outro, espelhando, narcisicamente, o desejo de castração das diferenças. Na cena teatral onde circulam estereótipos,

49. R. Barthes, Escritores, Intelectuais, Professores, *O Rumor da Língua*, p. 319.
50. Ibidem, p. 319-320.

circulam, também, por meio deles, zonas de demarcação do território humano, do estatuto dos seres, dos saberes dogmáticos e dos conceitos que se querem triunfantes.

O estereótipo é uma imagem parasitária que provoca, na mente do espectador, uma associação de ideias normativas, por meio de seleção de traços reificados e reiterados. Semanticamente, em contraposição a outros tipos de figuração dramática, ele aponta sempre para um significado e um valor contínuos, pois maximiza e distorce alguns traços da singularidade que conforma sujeitos, etnias, raças, credos, culturas, gêneros, congelando-os em cena. A imagem estereotípica reduz, assim, por indução, a variedade e a diversidade do humano. Pierce, retomando Aristóteles, define a indução como uma "espécie de 'redução' da variedade à unidade", na medida em que sua função consiste em "substituir uma série de muitos sujeitos por uma série única que os abarca a todos e mais uma quantidade indefinida de outros"[51]. Como um efeito de linguagem indutivo, o estereótipo estigmatiza e pulveriza os traços da diferença que singulariza o outro, esse nosso dessemelhante.

No palco convencional, o sujeito negro tem sido figurado através de estereótipos. A imagem ali projetada, ideologicamente, traduz o desejo do grupo dominante, que simboliza o sujeito negro, em particular, e a cultura negra, por extensão, como antônimos do sujeito e da cultura brancos. Essa sintaxe figurativa, de oposição e exclusão, cristaliza certos modelos de representação que essencializam, grosseiramente, as diferenças fenotípicas, culturais e raciais. O negro é, aí, uma avaria e uma deformação do humano. Como índices e ícones, essas imagens simulam e apontam alguns atributos considerados típicos do negro, tais como imbecilidade, animalidade, primitivismo, inferioridade, feiura grotesca etc. Simbolicamente, em sua natureza de lei, convenção dramática e tabu, essa *imago* torna-se paradigma do mal, aglutinando, normativamente, alguns traços

51. C.H. Peirce, *Semiótica*, p. 264.

constitutivos que a contrapõem ao signo eleito para representar o bem – no caso, o branco e a brancura.

Descentrando essas imagens estereotípicas, fabulando, no palco, a complexidade da constituição do sujeito, encenando o impulso do desejo e a variedade de sua natureza, no movimento e desenho das relações interpessoais e subjetivas, o Teatro Negro fende a espessura das imagens paradigmáticas, monolíticas, rompe seus hábitos, arruína suas repetições e libera o signo da clausura dos sentidos dogmáticos e apriorísticos.

A fatalidade do que já foi escrito é a de não poder mais ser apagado, alerta Barthes. O que já foi escrito, porém, pode ser rasurado e corrigido. "Corrigir o escrito errôneo é, neste caso, estranhamente acrescentar", conclui ele[52]. E é pelo acréscimo na fabulação imagística, no perfil redesenhado das máscaras e na diversidade e diversificação dos papéis que o Teatro Negro rasura a representação viciada, recuperando, no palco, a heterogenia dos signos que representam os sujeitos negro e branco. Esse teatro combate os estereótipos, confrontando-os com outras imagens também possíveis, com outras figurações, com novas práticas e concepções na elaboração das personagens, fazendo aflorar não apenas outros sentidos para as imagens que movimenta, mas realçando, sobretudo, o próprio plural do sentido. Daí o efeito de estranhamento e de desconforto que, muitas vezes, provoca nas plateias, ao deslocar as imagens rotineiras e reconhecíveis ao olhar do imaginário social, erigindo construções que ferem a cena familiar. Realçando o plural do sentido, pela via do acréscimo, o Teatro Negro recupera, na tessitura da linguagem e das imagens cênicas, o que, nos signos negro e branco, foi inexplorado, reprimido, neutralizado ou desvalorizado. Privilegiando os traços da diferença, sem elidir, ou menosprezar, os índices da semelhança, esse teatro faz aflorar, no signo que representa o sujeito, o que nele foi ofuscado, provocando rasuras nos enunciados, ruídos

52. R. Barthes, O Rumor da Língua, *O Rumor da Língua*, p. 92.

na enunciação, quebrando a linearidade dos paradigmas, o que é, por si mesmo, um ato político e polêmico, como todo ato de desvelamento:

> pôr em pedaços, literalmente, o escrito errôneo é um ato polêmico. "Desvelar" não é tanto retirar o véu como despedaçá-lo: no véu, só se comenta, geralmente, a imagem daquilo que se esconde ou subtrai. Mas o outro sentido da imagem é igualmente importante – o forrado, o tênue, o seguido; atacar o escrito mentiroso é separar o sentido, reduzir o véu a dobras quebradiças[53].

Reduzir o véu da cena a dobras quebradiças, tecer outras dobras, desdobrar o tecido, destrancar os desenhos, ferir as imagens. Nesse movimento de desconstrução e reconstrução sígnicas, o Teatro Negro problematiza e fende as noções essencialistas que fazem da negrura e da brancura emblemas totalizadores e blocos conceituais monolíticos, ancorados em uma ilusória concepção do sujeito. Rasurando esses emblemas, na própria nervura de sua construção, o Teatro Negro engendra, no nível do texto dramático e de sua representação, um combate semântico e semiótico entre imagens, enunciados, enunciações e convenções, traduzindo, ainda, no palco, a coreografia do desejo, motor da sintaxe que estrutura e constitui o sujeito, em particular, e as relações sociais de variada ordem, em geral.

Numa atitude dialética que rompe, na representação, com a figuração monolítica do sujeito, esse teatro realça o caráter de construção e encenação que permeia a identidade dos indivíduos. Sua singularidade igualmente se revela ao encenar a identidade como um discurso que, em sua articulação, produz seus próprios efeitos de linguagem. Nas peças aqui abordadas, o sujeito não existe fora de um contexto e de um processo que o instituem. Assim, o sujeito e seus prismas só se tornam possíveis como uma elaboração, sempre em relação a outros sujeitos. Sua identidade

53. Idem, Brecht e o Discurso, *O Rumor da Língua*, p. 230.

articula-se, portanto, também em processo, no jogo mesmo de sua enunciação e das matrizes que a fundam. A experiência de ser negro, ou de tomar-se negro, encenada por esse teatro pressupõe o reconhecimento da alteridade como um valor de fundação. Assim, representa-se, no palco, o saber que a construção do eu e de sua identidade não prescindem da descoberta e reconhecimento do outro e de suas projeções. Se o palco tradicional – do século XIX e, mesmo, do século XX – encena a ilusão de um sujeito branco absoluto e paradigmático e de um sujeito negro desenhado pela via do grotesco e da caricatura, o Teatro Negro desfolha essas figurações, expondo-as como na verdade são: máscaras e convenções que podem ser remodeladas, substituídas ou acrescidas por outras formas e por um sentido plural. Esse teatro representa um sujeito sempre em processo, de contornos deslizantes. Desse modo, o Teatro Negro fende a fala e a imagem estereotípicas, erigindo, em seu anverso, um discurso que, em todos os seus matizes, prima pela eleição de uma enunciação desmistificadora, revelando no eu do sujeito que se encena esse outro que o constitui, decora e alumbra.

CALIBAN, CORPO DE ÈSÙ

Esse gunga vei de ringunga.
Turma de santo mandô temperá.
A morada de Nossa Senhora
Tá jogano na praia do mar.
Chora ingoma.

CANTO DE CONGADO

Quando as cortinas se fecham e as luzes esmorecem, o palco se ensombreia. Só, em seu camarim, em gestos vagarosos, o ator se esvazia de sua personagem e, diante do espelho, desvela seu próprio rosto. E este já não é mais o mesmo. Assim também o escrevinhador. Quando seus dedos se desprendem do lápis e repousam, no breve intervalo que antecede o último verbo, ele já não se descobre o mesmo. Seu olhar sonâmbulo desliza, então, pelas páginas que tingira de palavras, como uma personagem que, desamparada pelo ator, retornasse muda ao texto em que dormita sua voz.

Também eu me vejo, agora, com esse olhar perambulante, derivando pelo meu texto, fotografando-me com seus atores e minhas personagens, ouvindo, ainda, suas inflexões, revisitando os cenários, coreografando as cenas de uma produção prestes a se desprender de mim.

O olhar vagueia.

Revejo as cenas escritas e as imaginadas. Nelas, procuro desvelar as dicotomias que, em variados discursos e lugares, inscrevem e escrevem os signos negro e branco como polos opostos e os sentidos que deles advêm. Nesse cenário, a representação do sujeito dissimula ou oblitera o seu referente, tornando ambos – o branco e o negro – simulacros de uma ideia de ser que inclui alguns eleitos – pela semelhança – e exclui outros – pela diferença. Meu olhar sombreia. Os excluídos, no entanto, frequentemente se rebelam e subvertem os códigos dessa representação.

Caim e Abel. Caliban e Ariel. O mal e o bem. Castigos exemplares e tributos gloriosos pontuam a trajetória dessas personagens atomizadas, a partir das quais se tecem, analogicamente, fábulas também exemplares. Entretanto, na trama das dicotomias, Caim e Caliban, os renegados, recusam o ostracismo a que são condenados e irrompem com sua rebeldia, rasurando a linearidade das cenas e dos discursos que os representam.

Caim, o desterrado, o proscrito. Caliban, o usurpado, o expropriado. Ambos transgridem as leis, subvertem as normas, rompem as teias do desejo da similitude, ameaçando a autoridade do universal e a uniformidade das hierarquias fabulares. São mal-ditos, mal-vistos, disformes, diferentes, outros. Desconstroem o discurso que os nega, apropriam-se dele, reterritorializam sua alteridade e fundam-se no universo do humano.

É que Caliban aprendera das palavras não a sua força de repetição e seu poder de reificação, mas o fulgor de sua potencialidade e a vibração de seus significantes. Ele retece as palavras com suas próprias intenções semânticas e expressivas, apropria-se das palavras do outro e torna-as suas. Ele reveste as palavras de novas roupagens, fazendo--as fulgir com novas entonações, novos desejos e sentidos.

A metáfora de Caliban inspira a reflexão sobre questões várias: a relação dominador/dominado, a constituição do eu e do outro, a fundação da alteridade do sujeito, o antropofagismo que a *margem* quase sempre processa em relação ao que é considerado *centro*, digerindo seu discurso e devolvendo-o ao elocutor contaminado e travestido por novos e descentralizadores enigmas. A fala da margem emerge, assim, para repor esse outro obliterado e desterrado pelas relações de exclusão e invisibilidade. Caliban protagoniza, para o espectador mais atento, uma outra razão, outras verdades, outras possibilidades de apreensão e domínio do real.

Em todas as cenas deste percurso textual, procurei ampliar o espectro sobre a discussão das dicotomias simplificadoras e generalizantes, acrescendo-as de uma terceira margem. Ao lado de Abel e Caim, Ariel e Caliban, o bem e o mal, o sagrado e o profano, o centro e a margem, a imagem e seu simulacro, postei Èsù, orixá das multiplicidades e da indeterminação, que subverte os paradigmas e as polaridades e dilui os conceitos de oposição. Signo de um modo diferenciado de ver e de pensar, senhor das encruzilhadas e dos discursos, ele representa, no meu texto, uma metáfora das culturas negras nas Américas, um símile da natureza dialógica dessa cultura, em suas diversas vias de asserção e constituição. Em Èsù, o sentido não se *fetichiza*, porque está sempre em movimento. Esse orixá joga com os signos, devolvendo-os a seu interlocutor revestidos de sentidos múltiplos, plurais, reencenados.

Em muitas iconografias, Èsù é representado com duas bocas. Essa natureza dual é reiterada em algumas das fábulas e traquinagens que protagoniza. Em uma delas, conta-se que dois amigos juraram amizade eterna, mas nenhum deles se lembrou de prestar homenagem a Èsù. Certo dia, eles trabalhavam em suas plantações, quando viram passar, pelo estreito caminho que separava seus campos, um garboso homem a cavalo. Na hora do descanso, os dois puseram-se a comentar a figura do cavaleiro. Só que um deles tinha visto um homem usando um boné preto, pretíssimo, enquanto o outro jurava que o boné era branco, muito branco. A divergência quanto à cor do boné resultou em uma briga violenta. Èsù, que já se divertira bastante no seu papel de cavaleiro, voltou então e, ao saber a razão da querela, retirou do bolso o boné e mostrou-o aos homens. O boné era preto de um lado e branco do outro. Gates, comentando esse conto, afirma que nenhum dos amigos está estritamente certo ou errado na leitura do boné. "Eles estão, simultaneamente, certos e errados. O chapéu de Èsù não é preto nem branco, ele é ambos, preto e branco." A conclusão que se tira do fato é que o engano dos dois advém, no caso, de ambos insistirem em um determinado sentido que, por sua vez, foi sobredeterminado por um único ângulo de visão e pelo modo como se viu[1].

A artimanha do orixá ilude os amigos da fábula, cujo olhar distraído se prende a uma única e determinada possibilidade de ver e de compreender o seu objeto. Èsù intervém, no entanto, para desfazer o engodo que criara, despertando a atenção para si mesmo, pois é ele quem rompe as dicotomias polarizadas e restritivas, realçando o conceito de pluralidade e de indeterminação que nele mesmo subjaz. Para esse orixá, o signo e seu significado abrem-se para o infinito em um processo ininterrupto de produção e movimento. Èsù inspira ao observador, dessa forma, um olhar que contemple as diferentes possibilidades do objeto, tornando dinâmico o sistema de geração de signos e de interpretação de sentidos.

E foi essa reencenação do signo, em constante movimento, que privilegiei no corpo deste trabalho, ao ressaltar que o Teatro Negro, pela sua própria natureza, demanda uma leitura não distraída e mais ampla dos modos de

1. H.L. Gates Jr., *The Signifying Monkey*, p. 35.

apreensão e representação do real, manifestos em suas variadas formas de expressão. Através dos seus signos constitutivos e de reconhecimento, esse teatro se constrói como um lugar de cruzamentos e dialogismo, de desvios e superposições, de apropriação e transvestimento, além de figurar como uma das vias de reposição e transformação de um *continuum* africano, que se dinamiza em formas singulares de encenação e discurso, sem se fixar na busca obsessiva do arcaico, da origem e do mesmo.

Signos da teatralidade de formas expressivas diversas da cultura negra foram aqui sublinhados, nas estratégias e recursos que os presentificam. No Brasil, destaquei os ritos afros, os congados e reinados e o carnaval negro; nos Estados Unidos, os *spirituals*, os *shows* de menestréis e o serviço religioso das igrejas negras. No processo constitutivo desses eventos, realcei a estratégia da dupla fala, o jogo das aparências, o cruzamento dialógico e discursivo das culturas, o mascaramento sígnico, o *entrelugar* da ilusão semiótica nas suas vias de representação. Esses signos fundamentam um modo singular de simbolização do real, em que a função ritual cotidiana se alia ao ato teatral, em eventos de profundo apelo coletivo e comunitário. No texto dramático convencional, apontei: o uso intertextual de elementos dos ritos africanos e afro-americanos no tecido e concepção do discurso cênico-dramático; a construção de peças, com uma textura sinestésica, que celebram a ação e a pujança da palavra e do corpo; a fabulação de imagens que, na representação dos sujeitos, desfiguram os e stereótipos. A ficcionalização desses sujeitos encena, assim, novos perfis e diferentes gravuras para a *persona* dramática, desvelando e questionando, em seu processo de estruturação, os modelos de figuração tradicionais e o próprio sistema ideológico-social que os cria, induz e celebra.

As expressões do Teatro Negro por mim privilegiadas neste texto não esgotam ou delimitam sua potencialidade. Inúmeras outras formas de expressão e elaboração desse teatro se oferecem à análise crítico-teórica e à fruição do espectador, através de diversas manifestações da cultura negra, em geral, e do drama, em particular. Neste último caso, uma das vias mais ricas para leitura e visão é oferecida pelo texto cômico. Este recupera, em sua estrutura, algumas das estratégias que fundam a teatralidade da cultura negra, burlando a censura do interdito, deslocando as imagens e as máscaras, jogando com os simulacros. De forma lúdica, mas corrosiva, esses textos, no espaço do riso e no cenário ilusório das aparências, extraem da comicidade possibilidades de reflexão sobre os motes, às vezes dramáticos, que, ainda assim, divertem o espectador. Com um olhar ridente, à maneira de Èsù e Caliban, jogam com o senso comum, dessacralizam as verdades ordinárias e a linguagem encrática e, pelo pastiche ou pela paródia, carnavalizam, ironicamente, os emblemas e as hierarquias sociais.

Nos Estados Unidos, em especial, o Teatro Negro contemporâneo, representado por August Wilson, Ntosake Shange e Charles Fuller, por exemplo, alia à reflexão sobre as relações raciais outros motivos e questões que inquietam a sociedade e o pensamento pós-modernos. Esse teatro desperta, cada vez mais vigorosamente, a atenção da crítica e do público, articulando, com maestria, a contemporaneidade de seus temas a formas expressivas tradicionais e recorrentes da cultura afro. A representação cinematográfica, pela mesma via, apresenta objetos que estimulam a reflexão crítica, exigindo novas formulações dos que se detêm nas teorias das imagens e dos discursos que representam os sujeitos e a alteridade, como atestam os filmes de Spike Lee ou produções como *Bagdah Café*. O Teatro Negro dos anos 1960, de Amiri Baraka, Ed Bullins, Adrienne Kennedy, James Baldwin e tantos outros, propiciou essa travessia, como uma via de passagem, ainda atual em muitas de suas formulações e soluções, a que tanto a ficção quanto a dramaturgia e o cinema, crítica e dinamicamente, se reportam.

No Brasil, o Teatro Experimental do Negro, apesar do que representou em sua época, não conseguiu construir, no tempo, uma rede sintática que difundisse o seu e outros projetos, com fendas estruturais no panorama teatral do país. Seus ideais e realizações, suas produções, vêm, entretanto, gradualmente, sendo estudados e reavaliados, desvelando uma cena sombreada pelo aparato ideológico que ainda move as relações sociais e raciais no Brasil. As questões e procedimentos realçados pelo TEN instigam a crítica e o público que a eles atentam e inspiram escritores, como, por exemplo, Cuti e Paulo Colina. Em espaços alternativos de elaboração e realização, o Teatro Negro, no Brasil, insiste, investindo contra a cena especular, buscando romper as teias dos modos de produção e realce do *status quo.*

Neste texto, procurei delinear uma trajetória possível de abordagem desse teatro, a fim de refletir, através do discurso teatral, sobre outras formas discursivas que nele se cruzam e se manifestam, desafiando a sensibilidade da investigação teórica que não se deixa capturar por uma ideia de universal que *fetichiza* o mesmo e estigmatiza o outro. Nesse tablado de discursos, procurei distinguir, sem discriminar, discernir, sem excluir, realçar a diferença, sem obliterar a semelhança. A prática dos estudos comparados, que se distancia da investigação obsessiva e determinista de fontes, influências e origens, estimula esse tipo de exercício, diluindo as fronteiras restritivas do conceito de universal. Essa prática rompe as hierarquias paralisantes, possibilitando repensar e recriar o tecido e o bordado das histórias, neles incluindo discursos antes desterrados, porque diferentes.

Os discursos da diferença – que, geralmente, são os discursos da margem, seja esta da raça, etnia, gêneros ou crenças – se projetam, nos estudos comparados, como um contraponto ao homogêneo e semelhante realçado pelos cânones tradicionais. O que se busca é um deslocamento das lentes que modulam os olhares, nelas contemplando territórios diferenciados no universo do humano, dos saberes e discursos que o falam e instauram de lugares diferentes, por meio de outras sintaxes, de outros jogos de linguagem. Se, como aponta Eneida Maria de Souza, o conceito de universal expressa a ideia de um *fetiche* "construído pelo olhar distraído do desejo", olhar este "que se cega para o objeto visível"[2], os discursos da diferença restituem um olhar atento e desconfiado, que quer descortinar o rosto do outro, burlando a invisibilidade e a indiferença das práticas discursivas que o sombreiam e/ou excluem.

Esse olhar realça, dessa forma, a pluralidade e potencialidade do humano e dos variados signos que o representam. Nesse novo cenário, a busca obsessiva da imagem e semelhança do mesmo – que inclui Abel e exclui Caim, que elogia Ariel e renega Caliban, que evoca Hermes e insulta Èsù – cede lugar a uma cena que busca diluir as dicotomias e em que as falas da diferença podem, também, contracenar sem hierarquias e rivalidades.

Assim, com o olhar do gato que não confunde a noite com sua escuridão, detive-me nos efeitos de diferença do Teatro Negro, para neles delinear as cores que o identificam, os sinais que ostentam sua singularidade e alumbram, na mágica cena da ilusão e da vida, a nossa tão delicada e polifônica humanidade.

Meu olhar repousa nas palavras. Ao dizer o sujeito negro como uma instância da linguagem que se faz e se constrói no tecido do enunciado e da enunciação que o representam, a leitura do negro e da negrura que propus a mim também evoca. O eu que fala, como um lugar na enunciação, não se quer ofuscado, distante, de fora. Ao falar o negro, nomeio minha própria negrura e, ao interpretar a encenação da experiência negra nas Américas, nessa experiência me incluo. Por isso, o discurso

2. E.M. de Souza, Literatura e Antropologia: O Conceito de Universal, *Ensaios de Semiótica*, n. 18-20, p. 114.

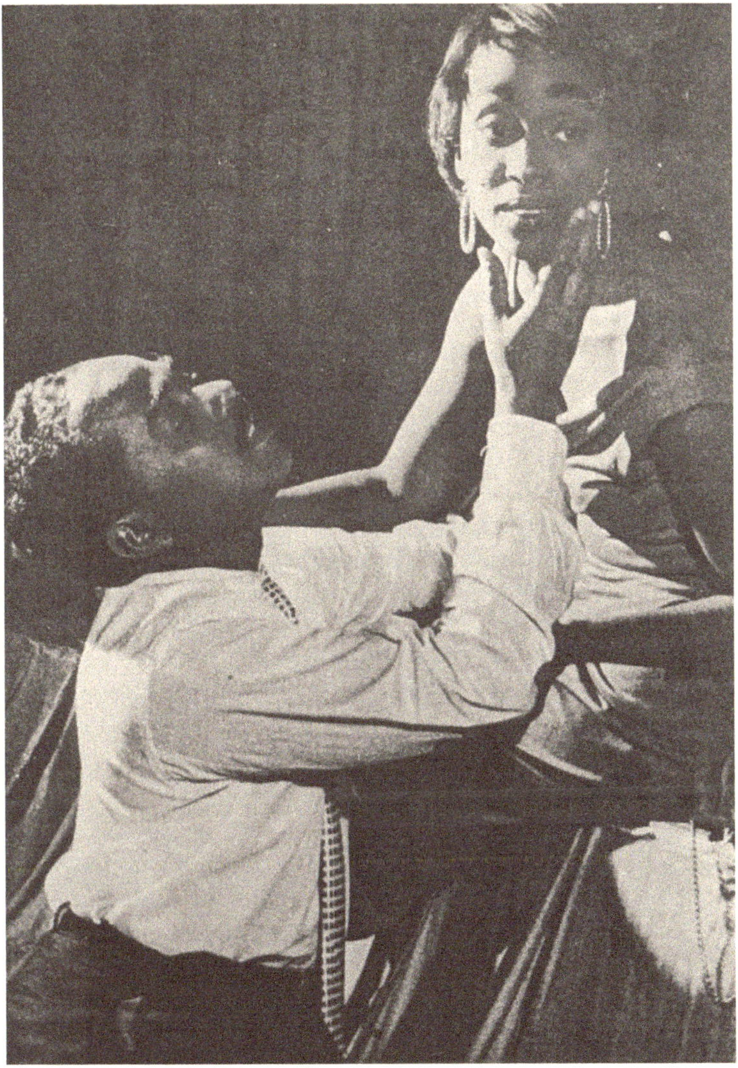

Sortilégio com Léa Garcia e Abdias Nascimento. Teatro Municipal, Rio de Janeiro, 1957. (Reprodução do livro Teatro Experimental do Negro: Testemunhos – Coleção IBAC.)

que encena o meu objeto a mim também encena. Se, na textura dessa escrita, minha fala e negrura atuaram como uma voz em *off*, nesse entreato essa voz quer ouvir-se a si mesma, quer ver-se no discurso, quer se protagonizar, como um ator em busca do seu rosto.

Muitas vezes, ao escrever, a minha própria experiência me assaltava, irrompendo na fala das minhas personagens, dublando sua voz. Desse modo, senti a dor de Emanuel, a ira de Ismael; prendi-me nas torres de Clara e sonhei os desejos de Clay. Ouvi os tambores que clamavam Jinga e tremi na angústia de seu corpo paralisado. Vivi a travessia do navio negreiro e aterrorizei-me com a passagem sepulcral, amaldiçoando os grilhões que nos aviltam. Cantei os *spirituals* e os *blues*, diverti-me com a farsa dos menestréis e delirei no jogo carnavalizado das aparências. Celebrei, com emoção, os congadeiros. Revi, ali, minha experiência vivida nesse lugar de desvios e superposições, em que, desde criança, senti a cena da minha alteridade negra ser festejada com fulgor, suturando, sem dor, minha cendida humanidade.

Em todos esses lugares e falas do meu texto, ouvi, sem rancor, meu parentesco com as personagens que por ele transitam, estórias da história da minha pele e da minha raça, metáforas dos meus muitos eus e travessias. Minha saliva e história. Minha memória e alquimia.

Essas figuras e discursos me dizem como signo e como ser, encenam a sua e a minha negrura, revelam a experiência que, como sujeito da enunciação, fingi, sabendo, como o Poeta, que fingia o que deveras vivia. As imagens da minha escritura dizem as muitas vitrines do negro e me incluem, como objeto de leitura, numa partitura que não me é indiferente.

Meu discurso traduz o olhar que devolvo ao outro, numa miragem que também no outro se vê. Assim, invento, com palavras e obstinação, a cena que melhor me representa: meu texto.

REFERÊNCIAS BIBLIOGRÁFICAS

Obras Citadas no Texto

ALENCAR, José M. de. "O Demônio Familiar"; "Mãe". *Obras Completas*. Rio de Janeiro: José Aguilar, 1960, v. IV.

AZEVEDO, Thales de. *Democracia Racial: Ideologia e Realidade*. Petrópolis: Vozes, 1975.

BAKHTIN, Mikhail. *Marxismo e Filosofia da Linguagem*. Trad. Michel Lahud e Yara F. Vieira. 2. ed. São Paulo: Hucitec, 1984.

BALDWIN, James. *The Fire Next Time*. New York: Dell Publishing,1976.

BANHAM, Martin; WAKE, Clive. *African Theatre Today*. London: Pitman Publishing, 1976.

BARAKA, Amiri. "Slaveship". *The Motion of History and Other Plays*. New York: William Morrow and Company, INC., 1978.

BARTHES, Roland. "O Rumor da Língua"; "Brecht e o Discurso"; "Malogramos Sempre ao Falar do Que Amamos"; "Escritores, Intelectuais, Professores"; "A Imagem". *O Rumor da Língua*. Trad. Mário Laranjeira. São Paulo: Brasiliense, 1988.

BASTIDE, Roger. *Estudos Afro-Brasileiros*. São Paulo: Perspectiva, 1973.

____. Sociologia do Teatro Brasileiro. *Sociologia*. São Paulo: Ática, 1983.

BENSTON, Kimberly W. *Baraka: The Renegade and the Mask*. New Haven/London: Yale University Press, 1976.

____. Cities in Bezique: Adrienne Kennedy's Expressionistic Vision. CLA *Journal*, v. XX, n. 2, Dec. 1976.

BOAL, Augusto. Notas de um Diretor de *Sortilegio*. *Teatro Experimental do Negro, testemunhos*. Rio de Janeiro: GRD, 1968.

BROOKSHAW, David. *Raça e Cor na Literatura Brasileira*. Trad. Marta Kirst. Porto Alegre: Mercado Aberto, 1983.

CHAUÍ, Marilena. Laços do Desejo. In: MOISÉS, Adauto (org.). *O Desejo*. São Paulo: Companhia das Letras, 1990.

CLARK, Fred. A Criação da Realidade de Ficção em *Anjo Negro*. *IV Jornada de Estudos Americanos: Identidade e Negritude nas Américas*. Mariana: Universidade Federal de Ouro Preto, 1988.

CLARK, Fred; GARCIA, Ana Lúcia Gazolla de. *Twentieth-Century Brazlian Theatre: Essays*. Chapel Hill: Estudios de Hispanofila, 1978.

CORDEIRO, Carlos Antônio. *O Escravo Fiel*. Rio de Janeiro: Tipografia Pinheiro, 1865.

COSTA, Jurandir Freire. Da Cor ao Corpo: A Violência do Racismo (Prefácio). In: SOUZA, Neusa Santos. *Tornar-se Negro*. Rio de Janeiro: Graal, 1983.

DELEUZE, Gilles; GUATTARI, Felix. *Kafka: Por uma Literatura Menor*. Trad. Júlio Castanon Guimarães. Rio de Janeiro: Imago, 1977.

DEMARCY, Richard. A Leitura Transversal. In: GUINSBURG, J. et al. (orgs.). *Semiologia do Teatro*. São Paulo: Perspectiva/Secretaria da Cultura, Ciência e Tecnologia do Estado de São Paulo, 1978.

DE MARINIS, Marco. Dramaturgy of the Spectator. *The Drama Review*, v. 31, n. 2, 1987.

DERRIDA, Jacques. Racism's Last Word. In: GATES JR., Henry Louis et al. (orgs.). *"Race", Writing and Difference*. Chicago: The University of Chicago Press, 1986.

DUBOIS, W.E.B. Krigwa Players Little Negro Theatre. *Crisis*, v. 32, n. 3, July 1926.

EDWARDS, Flora Mancuso. *The Theatre of the Black Diaspora: A Comparative Study of Black Drama in Brazil, Cuba and the United States*. (Phd dissertation). New York: New York State University, 1975.

ELAM JR., Harry J. Ritual Theory and Political Theatre: Quinta Temporada and Slaveship. *Theatre Journal*, v. 38, n. 4, 1986.

ELAM, Keir. *The Semiotics of Theatre and Drama*. New York: Methuen & CO., 1988.

FABRE, Geneviève. *Drumbeots, Masks and Metaphor*. English translation by Melvin Dixon. Cambridge: Harvard University Press, 1983.

FERGUSSON, Francis. *The Idea of a Theater: A Study of Ten Plays, the Art of Drama in Changing Perspective*. Princeton: Princeton University Press, 1972.

FERNANDES, Florestan. O Teatro Negro. *Teatro Experimental do Negro: Testemunhos*. Rio de Janeiro: GRD, 1968.

FOUCAULT, Michel. *Microfísica do Poder*. Trad. Roberto Machado. 5. ed. Rio de Janeiro: Graal, 1985.

FRANÇA JR. Direito Por Linhas Tortas. *Teatro de França Júnior*. Rio de Janeiro: MEC/Serviço Nacional de Teatro/Funarte, 1980, t. 2.

GASSNER, John. *Mestres do Teatro*. Trad. Alberto Guzik e J. Guinsburg. São Paulo: Perspectiva, 1974, v. 1.

GATES Jr., Henry Louis. *Figures in Black: Words, Signs and the "Racial" Self*. New York/Oxford: Oxford University Press, 1987.

____. *The Signifying Monkey; a theory of Afro-American literary criticism*. New York/Oxford, Oxford University Press, 1988.

GENET, Jean. Les Nègres, clownerie. *Oeuvres completes*. Paris: Gallimard, 1979.

HANSBERRY, Lorraine. *A Raisin in the Sun*. New York: The New American Library of World Literature, INC., a Signet Book, 1961.

HARRIS Jr., William. *The Poetry and Poetics of Amiri Baraka: The Jazz Aesthetic*. Columbia: University of Missouri Press, 1985.

HARRISON, Paul Carter. *The Drama of Nommo*. New York: Grove, 1972.

HARRISON, Paul Carter (ed.). *Kuntu Drama, Plays of the African Continuum*. New York: Grove, 1974.

HELLMAN, Lillian. *The Littles Foxes and Another Part of the Forest*. New York: Penguin Books, 1975.

HILL, Errol. Black Black Theatre in Form and Style. *The Black Scholar*, v. 10, n. 10, 1979.

HOURANTIER, Marie-Josè. *Du Rituel au théatre-rituel: contributions à une esthétique théatrale négro-africane*. Paris: L'Harmattan, 1984.

JACKSON, Oliver. Kuntu Drama (Preface). In: HARRISON, Paul C. (ed.). *Kuntu Drama: Plays of the African Continuum*. New York: Grove, 1974.

JONES, LeRoi. [Amiri Baraka]. "Expressive Language"; "The Revolutionary Theatre". *Home: Social Essays*. New York: William Morrow and Company, 1964.

____. Dutchman. *Dutchman and the Slave*. New York: William Morrow and Company, 1964.

KARENGA, Ron. Black Cultural Nationalism. In: GAYLE JR., Addison (ed.). *The Black Aesthetic*. New York, Doubleday & Company, 1971.

KENNEDY, Adrienne. The Owl Answers. *Adrienne Kennedy in One Act*. Minnesota: University of Minnesota Press, 1988.

KEYSSAR, Helene. *The Curtain and the Veil: Strategies in Black Drama*. New York: Bust and Franklin, 1981.

LACAN, Jacques. *O Eu na Teoria de Freud e na Técnica da Psicanálise*. Trad. Marie Christine Laznik Penot. 2. ed. Rio de Janeiro: Jorge Zahar, 1987.

LESKY, Albin. *A Tragédia Grega*. Trad. Alberto Guzik. São Paulo, Perspectiva, 1976.

LIMA, J.P. da Costa. *Os Pupilos do Escravo*. Rio de Janeiro: J. Villeneuve, 1870.

MACEDO, Joaquim Manuel de. *O Cego*. In: *Teatro Completo*. Rio de Janeiro: MEC/Funarte/Serviço Nacional de Teatro, 1979, t. 1.

MANNONI, O. A Ilusão Cômica ou o Teatro do Ponto de Vista do Imaginário. In: Mannoni, O. et al. *O Sujeito, o Corpo e a Letra: Termos da Análise*. Trad. Fernando Cabral Martins e Maria Margarida C. Barahona. Lisboa: Arcádia, 1977.

MARTINS PENA, Luís C. *Obra Completa*. Rio de Janeiro: MEC/ INL, 1956.
MEMMI, Albert. *Retrato do Colonizado Precedido pelo Retrato do Colonizador*. Trad. Roland Corbisier e Mariza Pinto Coelho. 2. ed. Rio de Janeiro: Paz e Terra, 1977.
MENDES, Miriam Garcia. *A Personagem Negra no Teatro Brasileiro Entre 1838 e 1888*. São Paulo: Ática, 1982.
MILLER, Christopher. *Blank Darkness: Africanist Discourse in French*. Chicago: University of Chicago Press, 1985.
MITCHELL, Loften. *Black Drama: The Story of the American Negro in the Theatre*. New York: Hawthorn Books, 1967.
MOLETTE, Carlton W.; MOLETTE, Barbara J. *Black Theatre: Premise and Presentation*. Bristol: Wyndham Hall Press, 1986.
NASCIMENTO, Abdias. *Sortilégio*. São Paulo/Rio de Janeiro: Perspectiva/Ipeafro, 2022.
____. *O Quilombismo: Documentos de uma Militância Pan-Africana*. 3. ed. São Paulo: Perspectiva, 2019.
NASCIMENTO, Abdias do. *O Quilombismo: Documentos de uma Militância Pan-Africana*. Petrópolis: Vozes, 1980.
____. *Sortilégio*. In: *Dramas Para Negros e Prólogo Para Brancos*. Rio de Janeiro: Edição do Teatro Experimental do Negro, 1961.
NEAL, Lany. The Black Arts Movement. *The Drama Review, Issue on Black Theatre*. New York, v. 12, n. 4 (T. 40), 1968.
NIVELLE, Armand. Para Que Sierve la Literatura Comparada. In: SCHMELING, Manfred et al. *Teoria y Praxis de Ia Literatura Comparada*. Barcelona: Alfa, 1984.
OLAVO, Agostinho. *Além do Rio (Medea)*. In: *Dramas Para Negros e Prólogo Para Brancos*. Rio de Janeiro: Edição do Teatro Experimental do Negro, 1961.
OLIVER, Clinton; SILLS, Stephanie (eds.). *Contemporary Black Drama, From "A Raisin in the Sun" to "No Place to Be Somebody"*. New York: Charles Scribners sons, 1971.
O'NEILL, Eugene. *The Emperor Jones*. In: *Selected Plays of Eugene O'Neill*. Garden City/New York: Nelson Doubleday, 1979.
PEIRCE, Charles S. *Semiótica*. Trad. José Teixeira Neto. São Paulo: Perspectiva, 1977.
PINTO, Julio. Os Caçadores da Arca Perdida. *O Ruído e Outras Inutilidades: Ensaios de Comunicação e Semiótica*. 1. ed. Belo Horizonte: Autêntica, 2002.
PONGETTI, Henrique. "Entre O'Neill e a 'Pérola Negra'"; "Brancos e Negros". In: *Teatro Experimental do Negro: Testemunhos*. Rio de Janeiro: GRD, 1968.
QUEIROZ JR., Teófilo. *Preconceito de Cor e a Mulata na Literatura Brasileira*. São Paulo: Ática, 1975.
RODRIGUES, Nelson. *Anjo Negro*. In: *Dramas Para Negros e Prólogo Para Brancos*. Rio de Janeiro: Edição do Teatro Experimental do Negro, 1961.
____. *Teatro Completo*. Rio de Janeiro: Nova Fronteira, 1981, v. 2.
ROSENFELD, Anatol. Literatura e Personagem. In: Rosenfeld, Anatol et al. *A Personagem de Ficção*. 5. ed. São Paulo: Perspectiva, 1976.

SANTOS, Juana Elbein dos. *Os Nagô e a Morte*. 5. ed. Petrópolis: Vozes, 1988.

SHAKESPEARE, William. *A Tempestade*. In: *A Tempestade, A Comédia dos Erros*. Trad. Carlos Alberto Nunes. Rio de Janeiro: Ediouro, [s.d.].

SHANGE, Ntozake. *For Colored Girls Who Have Considered Suicide/ When the Rainbow is Enuf, a Choreopoem*. 8. ed. New York: Bantam Books, 1986.

SODRÉ, Muniz. *A Verdade Seduzida: Por um Conceito de Cultura no Brasil*. Rio de Janeiro: Codecri, 1983.

SOUZA, Eneida Maria de. Literatura e Antropologia: O Conceito de Universal. *Ensaios de Semiótica: Cadernos de Linguística e Teoria da Literatura*. Belo Horizonte, n. 18- 20, 1988.

SOYINKA, Wole. *Myth Literature and the African World*. Cambridge: Cambridge University Press, 1976.

STYAN, John L. *The Dramatic Experience*. Cambridge: Cambridge University Press, 1971.

TENER, Robert. Theatre of Identity: Adrienne Kennedy's Portrait of the Black Woman. *Studies in Black Literature*, v. 6, n. 2, 1975.

TENREIRO, Francisco José. *Coração em África*. África: Linda-a-Velha, 1982.

WILKERSON, Margaret. Redefining Black Theatre. *The Black Scholar*, v. 10, n. 10, 1979.

WILLIAMS, Mance. *Black Theatre in the 1960's and 1970's: A Historical Critical Analysis of the Movement*. Westport: Greenwood Press, 1985.

WRIGHT, Richard. Blueprint For Negro Writing. In: GAYLE JR., Addison (ed.). *The Black Aesthetic*. New York: Doubleday, 1971.

Drama e Teatro

ABREU, Luís Alberto de. *Xica da Silva*. São Paulo: Livraria Martins Fontes, 1988.

ÁFRICA Literature Today. *Drama in* África. New York: Africana Publishing Company, 1976, n. 8.

ALTER, Jean. Meaning and Theatre: Reassigning Performance Sings. In: DEELY, John (ed.). *Semiotics 1985*. Boston/London: University Press of America, 1986.

ARTAUD, Antonin. *O Teatro e Seu Duplo*. Trad. Teixeira Coelho. São Paulo: Max Limonad, 1984.

AZEVEDO, Arthur. *Liberato*. In: *Teatro de Arthur Azevedo*. Rio de Janeiro, Minc/Inacen, 1985, t. 1.

____. *O Escravocrata*. In: *Teatro de Arthur Azevedo*. Rio de Janeiro: Minc/Inacen, 1985, t. 2.

Baldwin, James. *Blues for Mister Charles*. New York: Dell Publishing, 1985.

____. *A Esquina do Amém*. Trad. Aldomar Conrado. Rio de Janeiro: Lidador, 1972.

BARAKA, Amiri [LeRoi Jones]. *The Motion of History and Other Plays*. New York: William Morrow and Company, 1978.

____. *Selected Plays and Prose of Amiri Baraka/LeRoi Jones*. New York: William Morrow and Company, 1979.

____. *The Sidney Poet Heroical in 29 Scenes*. New York: J. Reed Books, 1979.

BARSANTE, Cássio Emmanuel. *Santa Rosa em Cena*. Rio de Janeiro: Inacen, 1982.

Benston, Kimberly W. (ed.). *Imamu Amiri Baraka (LeRoi Jones): A Collection of Critical Essays*. Englewood Cliffs: Prentice Hall, 1978.

BENTLEY, Eric (ed.). *The Theory of the Modem Stage*. New York: Penguin Books, 1979.

BIGSBY, C.W.E. *A Critical Introduction to Twentieth-Century American Drama, 1900-1940*. New York: Cambridge University Press, 1982, v. 1.

BLAU, Herbert. Ideology and Performance. *Theatre Journal*, v. 35, n. 4, Dec. 1983.

BORNHEIM, Gerd A. *O Sentido e a Máscara*. São Paulo: Perspectiva, 1975.

BRASMER, William; CONSOLO, Dominick (eds.). *Black Drama: An Anthology*. Columbus: Charles E. Merril, 1970.

BREWER, Maria Minich. "Performing Theory". *Theatre Journal*, v. 37, n. 1, 1985.

BROCKET, Oscar G. *History of the Theatre*. 3. ed. Boston/London: Allyn and Bacon, 1977.

BROWN, Lloyd W. *Amiri Baraka*. Boston: Twayne, 1980.

BROWN-GUILLORY, Elizabeth. *Their Place on the Stage: Black-Women Playwrights in America*. New York/London: Greenwood Press, 1988.

BULLINS, Ed. *The Theme in Blackness: "The Corner" and Other Plays*. New York, William Morrow and Company, INC, 1973.

BURNS, Elizabeth. *Treatricality: A Study of Convention in the Theatre and in Social Life*. New York/London: Harper and Row, 1972.

CACCIAGLIA, Mario. *Pequena História do Teatro no Brasil*. Trad. Carla de Queiroz. São Paulo: Edusp, 1986.

CALLADO, Antônio. *A Revolta da Cachaça: Teatro Negro*. 2. ed. Rio de Janeiro: Nova Fronteira, 1983.

CARLSON, Marvin. *Theories of the Theatre*. Ithaca/London: Cornell University Press, 1984.

CURB, Rosemary K. Fragmented Selves in Adrienne Kennedy's Funnyhouse of a Negro and *The Owl Answers*. *Theatre Jour- nal*, v. 32, n. 2, May 1980.

DOWNER, Alan (org.). *O Teatro Norte-Americano Hoje*. Trad. José Paulo Paes. São Paulo: Cultrix, 1969.

The Drama Review, Issue on Black Theatre. New York, v. 12, n. 4 (T. 40), 1968.

DIONYSOS. *Teatro Experimental do Negro*. Rio de Janeiro: Minc/Fundacen, 1988.

ECO, Humberto. Semiotics of Theatrical Performance. *The Drama Review*, v. 21, n. 1 (T. 73), March 1977.

ESSLIN, Martin. *The Theatre of the Absurd*. New York: Doubleday, 1969.
____. *The Field of Drama: How the Signs of Drama Create Meaning on Stage and Screen*. New York: Methuen, 1987.
FULLER, Charles. *A Soldier's Play*. New York: Hill and Wang, 1982.
GRAFT, J.C. de. *Roots in African Drama and Theatre*. New York: Africana Publishing Company, v. 8, 1976.
GUARNIERI, Gianfrancesco. *Gimba*. In: *Teatro de Gianfrancesco Guarnieri*. Rio de Janeiro: Civilização Brasileira, 1978, v. 1.
HANSBERRY, Lorraine. *The Collected Last Plays*. New York: New American Library, 1972.
HATCH, James V. A Guide to 200 Years of Drama. *The Drama Review*, v. 16, n. 4 (T. 56), Dec. 1972.
HATCH, James V. (ed.). *Black Theatre, U.S.A.: Forty-Five Plays by Black Americans 1847-1974*. New York: The Free Press, 1974.
HELBO, André. *Theory of Performing Arts*. Philadelphia: John Benjamins, 1987.
HILL, Errol. "Black Theatre in Form and Style". *The Black Scholar*, v. 10, n. 10, July/Aug. 1979.
____. The Revolutionary Tradition in Black Drama. *Theatre Journal*, v. 38, n. 4, Dec. 1986.
____. Remarks on Black Theatre History. *The Massachusetts Review*, v. 28, n. 4, 1987.
HILL, Errol (ed.). *The Theatre of Black Americans*. New York: Applause Theatre Book Publishers, 1987.
HUDSON, Theodore R. *From LeRoi Jones to Amiri Baraka, the Literary Works*. North Carolina: Duke University Press, 1983.
JONES, LeRoi [Amiri Baraka]. *Blues People: Negro Music in White America*. New York: William Morrow and Company, 1963.
____. *Four Black Revolutionary Plays*. Indianapolis/New York, The Bobbs-Merriel, 1969.
KERNODLE, George; KERNODLE, Portia. *Invitation to the Theatre*. New York/Chicago: Harcourt Brace Jovanovich, 1971.
LACEY, Henry C. *To Raise, Destroy and Create: The Poetry, Drama and Fiction of Imamu Amiri Baraka (LeRoi Jones)*. Troy/New York, The Whitston Publishing Company, 1989.
MACEBUH, Stanley. *James Baldwin: A Critical Study*. New York: The Third Press, 1973.
MAGALDI, Sábato. *Panorama do Teatro Brasileiro*. Rio de Janeiro: MEC/DAC/Funarte/Serviço Nacional do Teatro, [s.d.].
____. *Iniciação ao Teatro*. 2. ed. São Paulo: Ática, 1985.
MARTINS, Leda Maria. *Cantigas de Amares*. Belo Horizonte: Edição da Autora, 1983.
____. A Interdição do Discurso em *Dutchman*. *Revista de Estudos Germânicos*. Belo Horizonte, FALE/ UFMG, v. 7, n. 1, dez. 1986.
____. Identidade e Ruptura no Teatro Negro. *Cadernos Cândido Mendes: Estudos Afro-Asiáticos*. Rio de Janeiro, n. 16, 1989.
____. *O Moderno Teatro de* QORPO-SANTO. Belo Horizonte: Editora UFMG/Ufop, 1991.

MILLER, Adam David. It's a Long Way to St. Louis, Notes on the Audience for Black Drama. *The Drama Review*, v. 12, n. 4 (T. 40), 1968.

MILLER, Jeanne-Marie A. Images of Black Women in Plays by Black Playwrights. CLA *Journal*, v. XX, n. 4, June 1977.

MOSTAÇO, Edélcio. *Teatro e Política: Arena, Oficina e Opinião*. São Paulo: Proposta, 1982.

MURRAY, James P. Black Movies/Black Theatre. *The Drama Review*, v. 16, n. 4 (T. 56), Dec. 1972.

NEVES, João das. *A Análise do Texto Teatral*. Rio de Janeiro, Inacen, 1987.

NASCIMENTO, Abdias do. Teatro Negro do Brasil: Uma Experiência Sócio-Racial. *Revista Civilização Brasileira*, Rio de Janeiro, ano IV, n. 2, jul. 1968. (Caderno Especial.)

____. *Sortilégio II: Mistério Negro de Zumbi Redivivo*. Rio de Janeiro: Paz e Terra, 1979.

O'Daniel, Therman B. (ed.). *James Baldwin: A Critical Evaluation*. Washington: Howard University Press, 1977.

ORTEGA Y GASSET, José. *Ideas Sobre el Teatro y la Novela*. Madrid: Alianza, 1982.

PALLOTINI, Renata. *Introdução à Dramaturgia*. São Paulo: Brasiliense, 1983.

PATTERSON, Lindsay (ed.). *Anthology of Afro-American in the Theatre: A Critical Approach*. Cornwells Heights: International Library of Afro-American Life and History/The Publishers Agency, 1978.

PAVIS, Patrice. *Languages of the Stage: Essays in the Semiology of Theatre*. New York: Performing Arts Journal Publications, 1982.

PIGNARRE, Robert. *História do Teatro*. Trad. M.P. e Maria Gabriela de Bragança. Lisboa: Publicações Europa América, 1979.

PRADO, Décio de Almeida. *O Teatro Brasileiro Moderno: 1930-1980*. São Paulo: Perspectiva/Edusp, 1988.

RICARD, Alain. *Theatre and Nationalism: Wole Soyinka and LeRoi Jones*. Trans. by Femi Osoflsan. Nigéria, University of the Press, 1983.

RICHARDS, Sandra L. *Sweet Meat From LeRoi: The Dramatic World of Amiri Baraka*. (Phd dissertation), Stanford: University of Stanford, 1979.

____. Conflicting Impulses in the Plays of Ntozake Shange. *Black American Literature Fórum*, v. 17, n. 2, Summer 1983.

____. "Uma Perspectiva de Análise para o Teatro Negro Americano". Trad. CEAA. *Cadernos Cândido Mendes, Estudos Afro-Asiáticos*, Rio de Janeiro, n. 1, 1989.

ROCHA FILHO, Rubem. *A Personagem Dramática*. Rio de Janeiro, Inacen, 1986.

ROSENFELD, Anatol. *O Mito e o Herói no Moderno Teatro Brasileiro*. São Paulo: Perspectiva, 1982.

SANDERS, Leslie Catherine. *The Development of Black Theater in America*. Baton Rouge/London: Louisiana State University Press, 1988.

SCHLUETER, June. *Metafictional Characteres in Modem Drama*. New York: Columbia University Press, 1977.

SELJAN, Zora. *Festa do Bonfim: Peça em Três Atos*. Rio de Janeiro: Livraria São José, 1958.

____. *Os Negrinhos*. Rio de Janeiro: Lito-tipo Guanabara, 1959.
SHANGE, Ntozake. *Three Pieces*. New York: Penguin Books, 1982.
SOLLORS, Werner. *Amiri Baraka/LeRoi Jones: The Quest For a "Populist Modernist"*. New York: Columbia University Press, 1978.
SOYINKA, Wole. *Collected Plays*. Oxford/New York: Oxford University Press, 1973.
STAIGER, Emil. *Conceitos Fundamentais da Poética*. Trad. Celeste Aída Galeão. Rio de Janeiro: Tempo Brasileiro, 1975.
STYAN, J.L. *The Dramatic Experience*. Cambridge: Cambridge University Press, 1971.
SUSSEKIND, Flora. *O Negro Como Arlequim: Teatro & Discriminação*. Rio de Janeiro: Achiamé, 1982.
SZONDI, Peter. *Theory of the Modem Drama*. Trans. by Michael Hays. Minneapolis: University of Minnesota Press, 1987.
VAN PEEBLES, Melvin. *Ain't Supposed to Die a Natural Death*. New York: Bantam Books, 1973.
VASCONCELLOS, Luiz Paulo. *Dicionário de Teatro*. Porto Alegre: L&PM, 1987.
VOGT, Carlos; WALDMAN, Berta. *Nelson Rodrigues*. São Paulo: Brasiliense, 1985.
WEALES, Gerald. *The Jumping-off Place, American Drama in the 1960's*. London: The MacMillian, 1969.
WILKERSON, Margaret B. Black Theater in Califórnia. *The Black Review*, v. 16, n. 4, Dec. 1972.
____. *9 Plays by Black Women*. New York: New American Library, 1986.
____. The Dark Vision of Lorraine Hansberry. *The Massachusetts Review*, v. 28, n. 4, 1987.
WILSON, August. *Ma Rainey's Black Botton*. New York: New American Library, 1985.
____. *FENCES*. New York: New American Library, 1986.
____. *Joe Turner's Come and Gone*. New York: New American Library, 1988.
XAVIER, Arnaldo; CUTI; ALVES, Miriam. *Terramara: Peça em Três Atos*. São Paulo: Edição dos Autores, 1988.

AGRADECIMENTOS

Em 1991, este texto foi apresentado à Faculdade de Letras da Universidade Federal de Minas Gerais, para obtenção do grau de Doutor em Letras, na área de Literatura Comparada. No percurso de sua elaboração, variadas vozes dialogaram com as minhas falas, no exercício prazeroso da escuta e da réplica, ressoando na respiração da minha própria sintaxe. A todas essas vozes que contracenam, pois, no meu texto, um terno agradecimento.

Em especial à professora Ana Lúcia Almeida Gazolla, da Universidade Federal de Minas Gerais, minha orientadora durante o curso de doutorado, amiga querida que, com saber e magia, alumbrou essa escritura; à professora Margaret Wilkerson, que dirigiu, com apego, as pesquisas que realizei sobre o teatro afro-americano, na Universidade da Califórnia, em Berkeley; à professora Sandra Richards, que tem enriquecido minhas reflexões sobre o tema deste trabalho e que me encanta com sua amizade; às professoras Maria Lúcia Brandão Freire de Mello e Maria do Carmo Lanna Figueiredo, pela minuciosa revisão da tese; a Alda Lopes Durães Pinheiro, pela delicada digitação dos originais.

Durante o curso de doutorado, contei com o auxílio financeiro do Conselho Nacional de Desenvolvimento Científico (CNPq), da Fundação Ford, através do Centro de Estudos Afro-asiáticos da Universidade Cândido Mendes, e da Comissão Fulbright, sem cujo apoio teria sido inviável realizar todas as pesquisas no Brasil e nos Estados Unidos. A publicação de textos é, ainda, de difícil realização no Brasil, especialmente em se tratando de certos temas e discursos, como, por exemplo, os discursos do negro e sobre o negro, que nem sempre encontram uma desejável receptividade por parte dos editores. A edição deste livro deve-se, pois, em muito, à valiosa contribuição e ao empenho dos que o acolheram, imprimindo-lhe visibilidade. Agradeço, particularmente, ao professor J.

Guinsburg e ao Conselho Editorial da Perspectiva, que tornaram possível esta publicação. Destaco, com carinho e apreço, o estímulo do poeta e transcriador Haroldo de Campos, que espontaneamente encaminhou minha tese para esta editora e que muito me honra com sua amizade. Agradeço ao Ibac pela cessão das fotos, ao compositor e amigo Harry Crowl pelo apoio, e a Fany Kon, que dedicou a mim e ao livro uma especial atenção.

A todas as mãos e vozes, a todas as letras e memórias de que é feito este texto, o meu mais íntimo abraço.

Este livro foi impresso na cidade de Cotia,
nas oficinas da Meta Brasil,
para a editora Perspectiva.